Il est où, Ferdinand ?

PATRICK

CHESNAIS

Il est où, Ferdinand ?

Journal d'un père orphelin

RÉCIT

J'AI LU

À ma fille Émilie.

À mon fils Victor.

À Coralie, ta maman.

Merci à Josiane Stoléru.

« L'enfant que j'avais tout à l'heure,
Quoi donc ! Je ne l'ai plus ! »

Victor Hugo
Les Contemplations

« Mais [il] était du monde où les plus belles choses
Ont le pire destin. »

Malherbe
Consolation à M. du Périer

Et quand je pourrai m'asseoir,
avoir un de ces moments d'harmonie, regarder le soleil
se coucher en écoutant du John Coltrane,
il y aura toujours Ferdinand à côté de moi, sa grande
carcasse pleine de douceur et de gaieté qui me dira :
« Allez vas-y, papa. Amuse-toi. » Et je ne pourrai pas.
Ce sera impossible. « Allez vas-y, papa... Amuse-toi. »
Il me le dira, il m'entourera de sa grande carcasse,
avec son bras, et il me le dira.

L'ancien et le nouveau monde

Ferdinand, tu es mort dans un accident de voiture le vendredi 13 octobre 2006, à 3 h 19 du matin, à la borne 12/4 du Périphérique, porte d'Auteuil à Paris.

Ça s'est installé.

Le 13 octobre, ma vie a basculé.

La sensation éphémère qui pouvait ressembler à ce qu'on appelle le bonheur, peut-être une légèreté, un accord avec soi-même, ses enfants, avec son corps, avec sa carrière, avec quelque chose qui met en harmonie tout ça l'espace de quelques instants, eh bien, ces instants-là me seront définitivement interdits.

Peut-être y aura-t-il encore quelque chose qui ressemblera à une caresse, voir mes autres enfants heureux, s'accomplir. Une caresse, mais plus rien de tout cela ne ressemblera à ce que je connaissais avant.

Cette légèreté, qui vous pousse, qui parfois peut vous donner des ailes, elle fait partie des vieilles lunes, d'une autre époque, d'un autre temps, d'un autre monde.

Tout ça n'existe plus, Ferdinand.

Mais ça va me donner une autre façon d'être au milieu des vivants, de les croiser, de leur parler, de travailler avec eux, de rire peut-être avec eux.

Je vais commencer à apprendre à vivre dans un autre monde, dans une autre dimension peut-être du monde, que je ne connaissais pas jusqu'ici, que ta disparition va m'aider à appréhender, va m'aider à comprendre, va m'aider à vivre, différemment, mais à vivre quand même puisque je suis toujours parmi les vivants.

Voilà. Donc c'est l'apprentissage, c'est une seconde naissance, c'est tout neuf, ça vient de sortir.

À mon âge, tu vois, c'est sympa.

Tous les jours, j'apprends. C'est difficile. Beaucoup plus difficile que l'apprentissage dans le premier monde que je connaissais. Et pourtant j'ai beaucoup appris dans cet ancien monde, énormément appris. Le bonheur n'était pas une utopie, ou un concept usé. Non, je sentais qu'il pouvait être là, pas loin, dans ce puzzle qu'était la réunion de certaines personnes, qu'était notre famille, à un certain endroit, avec cette force, cette expérience qui était la nôtre. Maintenant le puzzle est définitivement détruit, et le bonheur n'est plus raccommodable.

Voilà mon grand, je voulais dire ça.

Je vais essayer d'apprendre à vivre. Dans cet autre monde. Le monde sans Ferdinand. Je m'y emploie, tous les jours, à chaque moment, à chaque seconde, ce n'est pas inintéressant, pas flamboyant non plus, ça va être autre chose, je vais voir, je ne suis pas sûr du résultat mais je vais voir. Je ne peux pas dire que j'aime bien pour le moment, mais c'est comme ça, je n'ai pas le choix.

Là-dessus, je vais m'endormir, et demain ne sera pas un autre jour. Ce sera le même.

Peut-être en pire.

Tu es arrivé en avance…

Tu es arrivé en avance, Ferdinand.

Pour la première fois et la seule fois de ta vie, tu es arrivé en avance, et j'ai raté ton arrivée. Je pense que Coralie ta maman a fait en sorte que j'arrive un peu en retard, et j'ai pris mon temps. On avait oublié quelques papiers, j'étais retourné à la maison, ta mère m'avait dit que tout allait bien, que ce n'était pas pour tout de suite, que je pouvais prendre un café. On était partis précipitamment. J'avais un peu la gueule de bois. La veille, j'étais sorti, j'étais allé à une fête, qu'est-ce que tu veux, ton arrivée était prévue plus tard.

Et tu es arrivé avant mon arrivée.

Avant de revenir à la clinique, j'ai eu le temps de prendre un café, et une douche, et aussi de m'acheter des lunettes de soleil.

Il faisait beau ce jour-là, la journée était très ensoleillée et j'ai pris mon temps pour choisir les lunettes…

Et quand je suis arrivé, tu étais déjà arrivé.

Tu étais en avance.

C'est la seule fois.

Après je t'ai toujours attendu, tu as pris ta revanche, je t'ai attendu aux sorties des vestiaires du hockey sur glace quand tu étais petit, aux « Français volants », je t'ai attendu à la sortie des vestiaires des matchs de foot quand tu étais plus grand.

Je t'ai attendu à la sortie des collèges, à la sortie des pensions, à la sortie des cinémas, pour aller à la plage, à l'île de Ré, je t'attendais dans la voiture.

Je t'ai toujours attendu.

Ça faisait partie de ta dégaine, on va dire, tu avais une dégaine qui respirait le retard.

Pas quand on avait rendez-vous. Là, tu étais assez ponctuel. Mais quand on venait te chercher. Dans un club, chez des gens, à l'école, à la plage, t'étais toujours le dernier, tu traînais toujours derrière, tu avais toujours cent mètres de retard, ou cinq minutes de retard, ou dix minutes, tu étais le dernier sous la douche, le dernier à monter dans la voiture, le dernier à te mettre à table, le dernier à ranger la table, le dernier à faire la vaisselle, le dernier à te lever, t'étais toujours à la traîne pour ces trucs-là.

Tu prenais ton temps.

Comme disait Brigitte Roüan à l'enterrement, tu attendais la suite.

Oui, une fois que tu étais sous la douche, t'attendais la suite, il fallait te dire que c'était fini, que la douche avait une fin, que la plage avait une fin, que le sommeil avait une fin, qu'il fallait se lever, qu'il fallait monter dans la voiture, qu'il fallait se sécher.

Ce jour-là, je suis arrivé à la clinique, à Châtenay-Malabry, parce que tu es né à Châtenay-Malabry, dans la banlieue parisienne proche, tu es donc un Châtenaisien.

Écoute, Ferdinand… Toi qui étais si beau – je te l'ai dit et redit combien de fois –, je t'ai trouvé plutôt moche, comme ça arrive souvent, m'a-t-on dit, mais moi j'avais l'expérience de ta sœur, qui était née à peu près comme elle allait être quelques jours plus tard, alors que toi, tu étais un peu déformé. Et donc je t'ai trouvé pas terrible, physiquement. C'est vrai que ta mère était très mince – elle était très belle –, et peut-être le passage avait-il été un peu compliqué, donc tu étais en pain de sucre, comme on dit, et c'était pas terrible.

Oh, ça a duré peu de temps, ça a duré peut-être un jour, deux jours, trois jours maximum. Et tout de suite après ce petit délai, on a senti, on a vu, on a constaté que tu étais très beau.

Parce que c'est aussi une de tes caractéristiques, tu as toujours été très beau.

On a toujours vanté ta beauté.

« Mais il est beau ! » me disait-on. Moi je me disais : « Il tient de sa mère. » Et ta mère, très humble face aux compliments qui la concernaient, elle et sa famille, répondait : « Oui, il est pas mal. » Mais c'était ta mère. Petit à petit le personnel hospitalier, les gens qui venaient te visiter, qui sont venus nous voir, plus tard, à la maison, reprenaient en chœur ce leitmotiv. « Qu'est-ce qu'il est beau, mais qu'il est beau ! » et ça ne t'a jamais quitté. Jusqu'au bout, tu étais beau mec. D'abord un beau bébé, un beau gamin, un beau petit enfant, un bel ado.

Et puis un bel homme, avec encore une marque de l'enfance.

Et parfois, quand tu étais particulièrement beau, bien coiffé, bien préparé, bien habillé, car tu faisais très attention à ton apparence, tu la soignais, tu la bichonnais… Quand tu entrais dans un restaurant, dans un lieu public, les têtes se tournaient vers toi, les conversations ralentissaient. Même moi, parfois, j'avais le souffle un peu coupé à ton arrivée.

Parce que, évidemment, cela ne tenait pas seulement à l'apparence physique. Quelque chose émanait de toi, de délicat, de fragile, et en même temps de déterminé. Et ce mélange faisait qu'on te regardait, on t'enviait, on était sidéré par tant de charme.

Donc, tu es arrivé un peu en avance… Pas terrible, un peu moche, et sans prénom. Parce qu'on ne s'est pas mis d'accord, avec ta mère, sur le prénom. Tu sais comment c'était, avec ta mère. Parfois c'était un peu orageux. On avait pensé à Antoine, à Florian, à François, à Octave, d'ailleurs Octave fut ton deuxième prénom.

On n'arrivait pas à se mettre d'accord, et on avait administrativement trois jours pour te trouver un prénom. Donc pendant trois jours, tu étais l'enfant sans prénom. Mon agent de l'époque, Serge Rousseau, me disait : « Et comment se porte l'enfant sans nom ? Est-ce qu'on peut aller voir l'enfant sans prénom ? » Et les gens venaient autour de toi et disaient : « Qu'il est joli ce petit… ce petit bébé ! »

Une demi-heure avant la fermeture de la mairie – avant l'heure limite, après la procédure aurait été compliquée –, le téléphone a sonné, c'était ta marraine, Nicole Garcia, qui brusquement a lancé : « Et Ferdinand ? » J'ai dit à ta mère : « Et Ferdinand ? »

Il y a eu un silence, quelque chose s'est apaisé, et j'ai compris que dorénavant le monde allait devoir compter avec Ferdinand Chesnais.

Les pommes

Tous les gens sont uniques, mais toi tu l'étais particulièrement.

Quand tu marchais, parce que tu étais très grand, un mètre quatre-vingt-dix, tu avais cette particularité d'être très droit et de temps en temps parfois un peu penché.

Parce que tu étais très grand, il fallait souvent que tu te baisses.

Tu cassais les verres, tu te prenais les pieds dans les tapis, tu déchirais tes manches de chemise dans les poignées de porte, tu renversais les assiettes. Depuis quelque temps, tu voulais faire un acte d'héroïsme sans qu'on te le demande, tu voulais frapper un grand coup en décidant de débarrasser la table par exemple, seulement tu ne pouvais pas t'empêcher de casser un plat ou de détruire le levier de la poubelle. À force, on se disait : « Mais s'il ne débarrassait pas la table, peut-être qu'il y aurait moins de problèmes après pour ramasser les morceaux ? »

C'était le genre de questions qu'on se posait.

Très tôt tu as eu à la fois cette extraordinaire faculté d'innocence, un regard grand ouvert sur le monde, avec ce grand rire qui traversait les murs, l'espace, et aussi une détermination, une façon d'être là, de prendre les choses en main.

Tu avais à la fois la tête dans les étoiles et tes grands pieds dans la terre.

Tout à fait honnêtement, un peu comme moi.

Peut-être que toi, un peu plus que moi, tu as la tête un peu plus dans les étoiles, et aussi les pieds un peu plus dans la terre.

Moi j'étais à mi-chemin.

Une fois par exemple, à l'île de Ré, tu avais à peu près dix ans, et quelqu'un avait frappé à la porte pour me vendre, je sais pas, cinquante pommes, je ne sais plus si c'étaient des pommes de terre ou des pommes, mais enfin il y avait un cageot. Et il m'avait demandé cinq cents balles pour ça, et moi j'étais un peu dépassé, je m'imaginais avoir besoin de provisions pour l'hiver, j'arrivais dans cette maison, et je lui ai filé cinq cents balles pour vingt pommes, quoi.

Et là, le petit bonhomme haut comme ça que tu étais, à côté de moi, m'a dit : « Mais papa ! Mais tu t'es fait avoir, c'est un escroc ! Qu'est-ce que c'est que ce bordel ? Va le rattraper ! » Tu me faisais la leçon, tu étais mon père, brusquement. « Il n'y a même pas vingt pommes et tu lui files cinq cents balles ? Mais ça va pas ? C'est un gangster, ce mec ! Mais papa, tu vas pas faire ça ! » Tu étais hors de toi.

Là, tu t'étais montré terrien, pragmatique. D'autres fois t'étais vraiment ailleurs, où, je ne sais pas, mais ailleurs, surtout quand… quand tu gesticulais, oui.

J'en viens à Birdy.

Birdy gesticulait beaucoup.

Quand tu étais petit, et même un peu plus tard, je t'appelais « Birdy ».

« Birdy » parce que tu me faisais penser à un oiseau, un petit oiseau qui allait s'envoler, avec cette agitation des mains.

J'adorais ça. Et tout le monde le remarquait, ta sœur, Josiane ta belle-mère, j'imagine que ta mère aussi, tout le monde remarquait ces accès de « birdydisme ». Cette façon que tu avais de ramener à toi la réalité de la vie, les petites choses du quotidien. C'était quoi au juste ? Ça se manifestait par une grande agitation des mains, de la tête aussi et du cou. Je pense que très souvent c'était de l'ordre du détail.

Sur une façon dont tu imaginais ton père parler à quelqu'un ou dont tu aurais rêvé que, peut-être, une jeune fille s'adresse à toi.

Tu détaillais…

Je le sais puisque je le fais moi aussi, je sais ce qui se passait en toi quand brusquement tu t'envolais avec tes mains qui s'agitaient…

Tu imaginais, tu donnais des couleurs différentes à la vie, aux détails de la vie, que tu accommodais à ta manière, c'était une façon de… de rendre la vie peut-être plus belle, en tout cas plus plausible, plus en accord avec toi, plus comme tu aurais voulu qu'elle soit.

Pas simple à comprendre ?

Non. Pas simple.

Un exemple ?

Match de foot à la télé. Wiltorde va frapper au but. C'est une feinte, il ne frappe pas, fait un crochet et puis quand même se décide à frapper, et manque le cadre. Eh bien toi, tu imaginais ce qu'aurait dû faire Wiltorde. Frapper directement ou alors faire un crochet de plus. Et puis marquer le but. Et pendant les quelques secondes où tu pensais à ça, tu rentrais dans une espèce de transe, un peu comme moi, un peu comme mon père que j'ai vu toute mon enfance avoir ces gesticulations.

Compris ? Non ? D'ailleurs c'est incompréhensible, c'est pour ça que je parle de ta singularité.

C'est pour ça que parfois je t'appelais « Birdy ». Parce que j'avais peur que tu t'envoles... « Et alors, Birdy ? »

Mais là, « Birdy » s'est envolé définitivement.

Est-ce qu'au moment de ton envol, tu byrdisais ? Je ne le crois pas. J'espère. J'en sais rien.

T'attendais la suite

Tu étais un type singulier...

Avec ton beau regard sur le monde, avec ton cœur, tu vas manquer, tu vas manquer probablement à la Terre, aux gens, à l'humanité.

Tu gardais toujours une espèce d'innocence, comme quand tu avais quatre ans, six ans, dix ans, douze ans, ou quand tu regardais les matchs à la finale de la Coupe du monde, avec de grands yeux ébahis. Ça ne t'empêchait pas d'être malin, de t'accommoder, d'adapter les choses pour que ça aille dans ton sens.

Et puis aussi, tu étais quelqu'un qui disparaissait.

Dans un groupe, très souvent, le groupe était là et toi t'étais pas là, tu arrivais un petit peu après, et puis une fois que tu rentrais dans le groupe tu t'en échappais à nouveau, le groupe restait groupé, toi tu étais déjà parti… Et il fallait te ramener dans le groupe.

Et puis aussi, comme dit Brigitte Roüan : « T'attendais la suite. »

Il y a toujours eu une espèce d'attente chez toi, t'attendais, tu regardais.

Mais il y avait des moments où ça ne t'empêchait pas de prendre les choses en main, de faire trois kilomètres à pied pour acheter des cigarettes, de boire un coup dans le bar où tu les avais trouvées, avec des Italiens, cet été, à Naples. On ne t'a pas vu pendant deux heures, tu avais disparu pour acheter des cigarettes, je m'inquiétais : « Est-ce qu'il va se débrouiller ? Est-ce qu'il va nous revenir ? Est-ce qu'il sait parler un petit peu italien ? »

Parce que parfois tu te trompais de direction, tu allais dans l'autre sens, moins les derniers temps, parce que tu avais appris à te débrouiller, à faire attention.

On avait l'impression, quand tu étais tout petit… on avait toujours l'impression que tu regardais ailleurs.

Que tu attendais la suite…

Avignon, 8 décembre

Tout à l'heure, je suis descendu du train à la gare TGV d'Avignon. Devant la boutique Avis, où l'administratrice de tournée remplissait les papiers de location de la voiture, j'ai… j'ai eu mal.

Le soleil.

Il faisait très doux, très léger. Le soleil jouait à travers les arbres. On était en Provence, l'air était… ça sentait bon. J'ai pensé à toi, quand on arrivait, au cours de nos nombreux voyages, devant l'aéroport et qu'on allait louer une voiture.

Ferdinand était présent à cette gare du TGV d'Avignon où il faisait tellement doux et bon. Et je me disais que la vie avait passé, que la vie était passée, que l'espoir n'existait plus.

Le séisme, le cataclysme qui a englouti Ferdinand m'a emporté moi aussi.

JOURNAL D'UN PÈRE ORPHELIN

Sochaux, 12 décembre

Pour le moment, j'ai du mal parce que… c'est encore un… plutôt un monologue. Et puis, j'aime bien le côté comme ça vient, comme ça vient et simplement.

Là je suis dans ma chambre d'hôtel à Sochaux, c'est une chambre… c'est une très grande chambre. J'ai toujours la même chambre quand je viens jouer à Sochaux. Donc j'ai repris un peu mes marques, mes habitudes… J'ai disposé tes trois photos – c'est la première chose que je fais quand j'arrive dans une chambre, je dispose tes trois photos, une sur un bureau, l'autre à côté de la télé et l'autre sur ma table de nuit. Alors, il y en a une où tu fais le beau mec, sur l'autre c'est un petit air que j'aime beaucoup, t'es un peu souriant, un peu gamin, un peu enfantin, je l'aime beaucoup, celle-là. Et puis l'autre, la troisième, c'est celle qui était… qu'on avait fait développer, où tu es vraiment très beau et très inspiré, et un peu souriant, t'as l'air… t'as l'air content, c'est celle qui était à ton enterrement.

Voilà.

Donc je suis dans cette chambre, on va jouer ce soir au théâtre à Sochaux, je suis en tournée, tu sais. Et puis quand je suis sur scène, je m'amuse avec le public, c'est un moment de grande distraction dans le sens fort. Et souvent, sur scène, je pense à toi. Tu apparais à des moments propices qui sont toujours un peu les mêmes, ce sont des images fugitives…

Ce que j'aime bien quand je pense à toi, c'est ton air… toujours ton air enfantin et quand tu rigolais aux trucs que je pouvais dire avec ce *Ooohhh*, ce regard et ce rire inimitables qui t'appartenaient totalement.

On revient toujours à l'enfance. Beaucoup de personnes t'ont appelé « l'homme-enfant ». Je crois que c'est quelque chose qu'on avait en commun. Dans les critiques que j'ai eues au cinéma, au théâtre et même à un âge beaucoup plus avancé que toi, encore dans la quarantaine, on parlait de « mon éternelle adolescence », « encore un pied dans l'enfance » alors que j'avais quand même déjà… quarante ou cinquante ans tu vois, c'est-à-dire au moins le double de vie de… de toi puisque ça s'est arrêté… très vite, donc, toi. Peut-être que c'est programmé comme ça. Peut-être que t'étais programmé pour que ça s'arrête jeune et que tu continues d'une autre façon, ailleurs, avec d'autres arguments, d'autres missions… ou un autre sens, je sais pas, c'est ce que j'essaie de croire, j'ai un peu de mal. Je suis pas complètement persuadé de ça mais… Pourquoi pas ? Beaucoup de gens, et des gens très fins, et sensés, et rationnels le pensent aussi, donc je me dis que peut-être, là où tu es… tu fais quelque chose d'intéressant. Quelque chose d'intéressant se passe, tu nous regardes, tu nous sens, tu nous écoutes peut-être, peut-être que tu te marres ? Tu aimais tellement te marrer…

Je suis allé chez les flics hier, on a encore parlé de toi et les flics m'ont fait voir toutes les dépositions de tes amis, de tes collègues de théâtre, et ce qui revenait comme un leitmotiv, c'était ta gaieté. Mais ces derniers temps c'est vrai que t'avais l'œil un peu triste parfois, ça me faisait beaucoup de peine… j'aime pas… on n'aime pas quand on est papa que… nos enfants… notre fils de vingt ans soit un peu triste mais c'était fugitif, passager. Le plus souvent, tu avais plutôt un œil rieur, joueur, ce que tu étais vraiment. Tous tes copains parlaient de ce charisme, de cette luminosité, ça revient dans toutes les dépositions, ils n'ont pas déposé ensemble, ils ont tous déposé séparément… Ils parlaient de cette envie de croquer la vie, de te marrer, de ta gaieté.

Le flic qui me posait des questions sur toi me disait « et puis il était ceci, il était cela, il paraît que… ». Je disais oui. Je ne faisais qu'approuver ce qu'il me disait. Il avait l'air de te connaître par cœur, ce type, à force d'écouter les témoignages sur toi qui étaient toujours à peu près les mêmes.

T'étais très populaire, Ferdinand. Tu as toujours été très populaire.

Tu vois, là, j'écris… Et ça prend une drôle d'allure, c'est comme si je te parlais. On m'a demandé d'écrire un livre, je ne sais pas… Là, c'est juste comme si je t'écrivais des lettres, si tu veux. Moi je voulais quelque chose de plus sophistiqué, qui ressemble plus à quelque chose de l'ordre de l'écriture, enfin de l'écriture… disons impressionniste. Pointilliste. Des petites choses qui se succèdent.

Pour le moment je te parle. C'est la seule manière que j'ai d'approcher la question de ce bouquin. J'appelle ça un bouquin parce que je sais pas ce que ça sera. Un roman ? Non, bien sûr. Un témoignage ? Peut-être... Je ne sais pas comment on peut appeler ça. Moi j'appelle ça un bouquin, pour le moment.

Flore

J'ai parlé avec Flore, hier soir. Elle m'a dit qu'elle pensait énormément à toi et que, avant d'entrer en scène, elle avait senti que tu étais à l'intérieur d'elle et que ça l'avait beaucoup aidée pour jouer. Elle a pensé à toi pendant toute sa prestation sur scène puisque c'était hier « les créations » de ton école de théâtre : chacun avait écrit quelque chose qu'il avait mis en scène et qu'il passait devant le public. Comme l'année dernière, c'était vraiment très brillant, c'est une école avec des éléments, je trouve, très forts, dont tu étais un des meilleurs. Ton prof Eva Saint-Paul répétait que depuis vingt-cinq ans qu'elle faisait ce métier de professeur d'art dramatique, elle avait vu défiler des centaines de jeunes et que tu étais le plus doué. Elle l'a dit devant tout le monde il y a quelque temps, il y a quelques semaines, et j'étais très fier de ça même si je le savais déjà. J'en avais eu la confirmation quand je t'avais vu jouer au théâtre du Proscenium *Soleil noir*.

Je voulais te dire ça pour Flore, je me disais que ça allait te... que ça allait te faire plaisir ? Que t'allais être content de ça ?

Le dernier jour de ta vie

Il y a quelque chose qui m'a fait de la peine dans les dépositions de tes copains. Je sais que le dernier jour de ta vie n'a pas été heureux, Ferdinand. Tu étais malheureux. Je t'avais quitté la veille au soir, on avait dîné ensemble et... tu m'avais paru un peu triste. Ni désespéré, ni dépressif comme ont essayé de me le faire dire les flics, ça aurait probablement arrangé leur hypothèse d'un rodéo vaguement suicidaire mais...

Je ne savais pas que c'était l'avant-dernier jour de ta vie et notre dernier dîner ensemble, dans la petite cuisine de la rue de Bellechasse. On a parlé de ce toubib que tu devais aller voir le 18 octobre, tu attendais beaucoup de ce rendez-vous, je le sais. Je t'avais même un petit peu mis en garde – je n'aurais peut-être pas dû –, en disant que ce n'était peut-être pas un docteur miracle et qu'il ne fallait pas non plus attendre que ça résolve tous les problèmes, simplement c'était une piste pour à terme, j'en étais sûr, réduire, en tout cas comprendre ce petit problème organique qui n'avait pas de nom mais dont je sais qu'il était très lourd à supporter pour toi.

Ce problème d'estomac te pesait particulièrement depuis quelques semaines.

Et ce dernier jour de ta vie, donc, tu es allé à ce pot à l'anniversaire de Flore. Ça s'était mal passé puisque, comme tu me le disais parfois, tu étais « à trente pour cent, ou vingt pour cent » à cause de ton estomac.

Flore, la fille dont tu étais amoureux...

C'est quoi l'amour à vingt ans ? C'est peut-être qu'on est plus amoureux de l'amour que d'une personne, je ne sais pas, je ne voudrais pas te manquer de respect.

Tes copains Justin et Simon ont dit dans leur déposition que ce jour-là, pour aller du Théâtre 13 au théâtre du Proscenium, c'est-à-dire traverser tout Paris en métro, tu restais derrière eux, tu ne disais pas un mot, t'avais la tête baissée, ils ne t'avaient jamais vu comme ça.

Tu devais être dans une souffrance, mon bonhomme...

Tout ça devait te poignarder, te faire mal, tellement mal que tu étais, paraît-il, incapable de prononcer un mot.

Ton père, le soir, quand il avait des problèmes de cet ordre-là, eh bien il faisait les bars. Toi tu as commencé à les faire aussi. Et faire les bars, pour toi ce soir-là, c'était acheter une bouteille de whisky et continuer la nuit.

Toi tu voulais picoler picoler picoler te défoncer te faire une grosse défonce pour oublier tout ça.

Mais là évidemment tu as pris des risques parce que tu étais probablement avec quelqu'un qui maîtrisait pas tout ça, qui était peut-être dans un rapport de fascination avec toi, qui au lieu d'essayer de calmer le jeu a péché par, je ne sais pas, par... Je ne sais pas où, mais en tout cas il a péché, j'en suis sûr maintenant. Il n'y est pas arrivé, quoi. Il n'était pas à la hauteur ce type, il n'avait pas les épaules pour t'accompagner dans cette nuit je dirais de consolation qui passait par l'alcool.

Et moi, depuis hier, depuis cette entrevue avec les flics qui m'ont lu ces dépositions, je vois ta grande carcasse courbée sans dire un mot, au summum de la douleur, enfin le summum de la douleur je sais pas, parce que le summum de la douleur je t'en parlerai : le summum de la douleur, c'est perdre son fils de vingt ans.

On est le 13 demain, ça va faire deux mois.

Ce putain de 13 octobre.

Quand on a vingt ans les blessures amoureuses sont insupportables, mais on sait que ça va s'arranger, on le sent, bien sûr que ça s'arrange, ça s'arrange toujours. Ce qui ne s'arrange pas c'est quand votre fils de vingt ans disparaît.

Je ne veux pas me plaindre. Je ne me plains pas, je te plains toi, je te plains toi parce que... Parce que t'es pas avec nous, parce que tu retourneras pas en Italie, parce que tu seras pas en train de faire le malin, en train de t'exploser sur scène, en train de déconner avec tes copains, en train d'écrire les trucs superbes que t'écrivais, en train de regarder des films d'Iñárritu, en train de voir des matchs de foot, des coupes du monde de foot avec moi ou avec d'autres.

Je te parlerai la prochaine fois de la Coupe du monde 98, quand on a vu tous les matchs au stade, t'étais peinturluré en bleu-blanc-rouge, dans tous les sens. Tu m'as confié depuis, parce qu'à douze ans on n'emploie pas encore ce genre de terminologie, tu m'as confié il y a peu de temps que c'était « le plus beau jour de ta vie », cette victoire de la France en finale de la Coupe du monde, au stade de Saint-Denis, avec les feux d'artifice, et moi aussi, qui étais à tes côtés, je dois dire maintenant que ça a été un des plus beaux jours de ma vie parce que tout était harmonieux, tout était cohérent, tout était fort. Il y avait la victoire au bout. Et puis nous deux, fondus ensemble dans cette grande fête collective.

Je te parle

Tu sais, mon grand, je te raconte ça. Depuis quelque temps tout le monde me dit « Il faut lui parler, peut-être qu'il t'écoute, faut lui parler ». Alors je te parle.

Là je suis à Sochaux. Joli port de pêche.

Après le spectacle on va aller bouffer au restau qui est paraît-il pas mal et je vais boire un peu de vin parce que depuis que t'es mort, je bois du vin tous les soirs. Chose qui m'arrivait peu, avant. Tu sais que je buvais aussi, mais exceptionnellement, quand il y avait une soirée ou une cérémonie, quand il y avait un repas entre amis, à la maison ou au restaurant, j'aimais bien boire du vin, et même pas mal, mais c'était l'exception. Là je bois tous les soirs, pas énormément, je ne me bourre pas la gueule mais je bois du très bon vin tous les soirs jusqu'à sentir une légère euphorie, une très légère ivresse et ça me fait du bien, c'est aussi bête que ça. Le lendemain de ta mort...

D'abord, pendant quatre-cinq jours, je n'arrivais plus à manger, alors je me forçais. Il y avait tellement de choses à faire, et puis il fallait que je sois auprès d'Émilie, ta sœur, qui est bien dévastée, auprès de ta mère, auprès de Josiane aussi… Je ne sais pas si je devrais te dire ça mais enfin en même temps, si on est triste on va pas cacher qu'on est triste… Donc pendant quatre ou cinq jours, j'ai presque pas mangé. J'y arrivais pas alors je me forçais. Je me forçais à manger du riz, des fruits, des choses qu'on pouvait ingurgiter assez facilement. Et puis après, quand je suis parti en tournée, l'appétit est légèrement revenu mais je ne voulais pas me bâfrer, je ne buvais pas de vin, je ne voulais pas aller dans les meilleurs restaurants, prendre les meilleurs foies gras, prendre, comme quand on est en tournée, les meilleurs plats. Je mangeais le minimum. Maintenant tout ça, je ne le fais plus. Je mange. Après l'effort, après la rencontre avec le public pendant une heure et demie, je vais dans un restaurant avec mes camarades de jeu, et je mange. Des bonnes choses, les meilleures. Et je bois du très bon vin, le meilleur. C'est un des moments de la journée que j'attends, même quand je ne joue pas, j'attends le repas du soir où on va au restaurant avec des amis, ou en famille. On va manger entre nous, discuter de toi, souvent. En tout cas si on parle d'autre chose tu es là tout le temps, tu es au bout de la table ou à côté de moi ou tu vas sonner à la porte et on t'attend, et tu vas arriver ?

C'est un moment de délivrance parce que je peux penser à toi non pas dans la douleur, mais dans la convivialité.

Je vais arrêter là pour le moment, mon grand. Après je vais reprendre des anecdotes, ça va plutôt être rigolo parce que t'étais rigolo comme type. T'étais plutôt un type marrant, tu faisais rire les gens, volontairement parfois, parce que t'avais beaucoup d'humour, t'avais le sens du comique, peut-être un petit peu hérité de moi, en toute humilité !

Tu vois je suis humble quand je pense à toi, je me compare à toi et je deviens humble.

Et puis tu étais aussi comique sans le vouloir, tu l'as toujours été. Je vais essayer de trouver les mots pour définir ce comique-là. Il y avait quelque chose de comique chez toi, même dans la façon de dormir. Pas un comique grotesque ni moche ni laid. Comment dire ? Un comique fondant, quoi, sidérant, fascinant presque.

Le froid de Sochaux

Voilà mon chéri. Je vais me préparer pour aller jouer, je vais me raser et puis je vais aller au théâtre, je vais téléphoner un peu à droite à gauche. Je vais peut-être t'appeler, toi. Je vais peut-être te laisser un texto, malheureusement ton portable a été détruit pendant l'accident, c'est-à-dire il a été malencontreusement jeté par les services de voirie. Mais enfin on a toujours ta carte Sim, je peux toujours t'appeler, je t'ai laissé des messages de temps en temps, que les flics ont dû avoir, d'ailleurs.

Mais je ne veux pas t'appeler trop parce que j'ai peur qu'à un moment une voix me dise :

« Vous n'avez plus de... » La messagerie serait saturée, quoi. Ça m'embêterait, donc j'y vais avec parcimonie.

Je t'embrasse, je vais me préparer, je vais gagner ma vie. On va essayer d'écrire ce bouquin et puis monter une association. J'ai pu aller déposer les statuts mais il faut savoir lesquels, ça demande un peu de travail. Qu'est-ce que je peux te dire encore ? Ben, tout ça m'a donné quand même une grande... plus qu'une grande claque. On est loin du compte...

Bon, on m'a dit qu'il ne fallait pas te parler trop de notre tristesse mais bon. Elle est là, on va pas la planquer. Il fait froid à Sochaux. On n'est pas au chaud à Sochaux.

Très souvent avec Émilie, quand on dit un truc un peu lourd, un peu approximatif comme ça, on imite le truc que tu faisais – enfin c'est moi qui avais introduit ce truc –, c'est-à-dire que quand quelqu'un faisait une grosse vanne bien lourde, je réagissais avec une espèce de rire un peu forcé, un peu sardonique, c'était devenu un *private joke* et depuis tu l'avais repris à ton compte et dès que je faisais une vanne un peu lourdingue, un peu grossière, j'entendais ton rire derrière moi. Donc maintenant on n'arrête pas de faire des rires sardoniques avec ta sœur et même Josiane s'y met.

Bon, je vais griller une cigarette. Ben oui, je me suis remis à fumer. Moi qui avais diminué, qui en étais à quatre par jour depuis je ne sais plus combien de temps, là j'en suis à douze. Allez je t'embrasse mon grand. J'aime bien te parler, finalement. Je suis cool là, je te parle simplement, naturellement, il y a des choses qui vont venir.

Je vais tourner des films. Je fais ça pour avoir une activité. Tourner des films, c'est pas mal, c'est mon métier. C'est mon art, je dirais.

Ce qui compte pour moi, c'est d'avoir suffisamment de temps à te consacrer. Ça, je veux pas le louper, tu vois.

Je t'embrasse très fort, mon grand.

À tout à l'heure.

Ciao…

Londres, nuit du 12 au 13 décembre

Tu es parti, Ferdinand.

Comment est-ce qu'on aurait pu croire que ce serait… que ç'aurait été si vite, Ferdinand ?

C'est impensable.

Toi l'homme-enfant.

Il y a un poème très beau qu'a écrit pour toi une amie de ton cours, Fabienne, qui habitait à côté de chez toi, rue Léon-Maurice-Nordmann. Elle te compare à une bulle de savon, légère, joyeuse, belle, riche, profonde, colorée… mais éphémère comme toutes les bulles de savon.

Chaque fois que je tombe sur le mot « éphémère », j'éclate en sanglots parce que c'est vrai que tu es… que tu as été éphémère.

Qui l'eût cru ? Comment est-ce que je pouvais croire que ce grand garçon, tellement doué, si plein de vie et de ressources était éphémère ?

On marche avec Émilie dans Londres. Je me sens vieux. Je me sens fatigué. Elle prend les choses en main. Et puis elle parle anglais.

Je suis allé la voir, Ferdinand, dans le spectacle de son école. Elle était éblouissante. Le lendemain, au « débriefing », elle a dit au metteur en scène que son frère Ferdinand était éblouissant et le professeur a eu cette réponse : « Il y a des étoiles et il y a aussi des étoiles filantes. Et ce sont les plus belles. »

Nous nous sommes promenés dans Covent Garden. C'est un lieu que tu appréciais particulièrement. C'est vrai que Londres à Noël, ça te ressemblait. Quelque chose respirait, sentait Ferdinand. La décontraction. La foule aimable. Les pubs, les théâtres, les arbres de Noël.

On a fait un tour de manège sur les chevaux de bois avec ta sœur.

Elle s'est rappelé que là, vous vous étiez assis sur cette barrière, on s'y est assis aussi.

Et le lendemain, après une nuit où Émilie a dormi à l'hôtel dans la même chambre que moi, une nuit triste où ton ombre, Ferdinand, planait peut-être encore plus fort que d'habitude tellement cette ville était en accord avec toi, on s'est rendus chez elle, chez Émilie où je n'étais jamais venu. Je sais que toi tu y étais allé quelquefois. Je me suis directement assis sur la petite terrasse qui surplombe la rue, comme tu l'avais fait la première fois que tu es venu. Dans la même position paraît-il, d'après Émilie, avec la même dégaine. Ça m'a fait plaisir. Je me suis senti un peu le dépositaire de tout ça.

Ça fait deux mois que t'es parti, il y a à peu près une minute.

3 h 19.

Voilà.

Qu'est-ce que t'as foutu pendant ces deux mois, Ferdinand ? Qu'est-ce que t'as branlé ? Moi j'ai l'impression que ça fait une demi-heure. Je vais me coucher maintenant. J'ai attendu 3 h 19.

C'est une espèce de commémoration, de rite, d'anniversaire. Voilà, nous on vit. Et qu'est-ce qu'on fait quand on vit ? Eh bien, on pense aux petits plis que tu avais autour des yeux, à cette espèce de grand sourire, avec les dents un tout petit peu en avant, qui accentuaient encore ce côté enfantin.

Donc depuis deux mois, on se fait bien chier sans toi, quand même, hein. Ça, il faut que tu le saches. On se fait bien chier.

Enfin on y arrive.

On est là.

Je vais arrêter.

Je suis fatigué.

Je vais mettre ta photo sur la table de chevet, bêtement, comme les mecs à la guerre qui mettent les photos de leurs enfants ou de leur femme.

Toi t'es… Je ne sais pas si c'est toi qui es parti à la guerre, ou moi. Je ne sais pas où tu es, toi. Moi je suis parti à la guerre contre le temps, contre l'oubli, enfin l'oubli, ça, ça va être une bataille gagnée d'avance, il y aura pas d'oubli. Et puis, on va essayer de s'arranger pour que tu sois en paix puisqu'il paraît qu'il faut pas être trop triste, mais au contraire t'aider à aller vers la lumière. Alors si je peux t'aider, si tu peux aller vers la lumière grâce à moi, à nous, à ta sœur et à tous les autres, on va en mettre un sacré coup, je vais te dire !

Tu peux être tranquille.

Il est 3 h 26.

Ça fait donc sept minutes que t'es mort, si je compte bien.

Voilà, moi je vais dormir.

Toi, je sais pas où tu es. Là-haut, ou quelque part en bas, ou à droite ou à gauche, ou là dans le placard…

Je sais pas ce que tu fous. Je sais pas ce que tu branles, Ferdinand, mais tu me manques.

Il est où, Ferdinand ?

Il est où Ferdinand ?

Je ne sais pas si tu te rappelles mais c'était devenu un leitmotiv. « Il est où, Ferdinand ? » Parce qu'on t'attendait, on te cherchait toujours, et c'était : « Il est où Ferdinand ? »

Souvent.

Attends, on m'appelle au téléphone, sur mon portable. La sonnerie, c'est un rap qu'Éric a composé pour toi : « Ferdi, même si tu nous as quittés, tu resteras notre meilleur ami pour la vie. »

C'est ta grand-mère Mamy Gisèle qui m'appelle, comme tous les jours, deux fois par jour. Elle a quatre-vingt-seize ans. Je sais qu'elle va me demander de tes nouvelles. Pour le moment je m'en tiens au mensonge, je ne lui ai pas encore dit pour toi. Je vais donc lui répondre que ça va, mais sans m'attarder à ton sujet. Sinon avec tout le monde, tout le reste du monde que je croise, on s'attarde à ton sujet, on s'attarde énormément, on passe, on repasse, on rajoute des couches, on revient, on gratte, on rigole pas mal aussi, on t'imite.

Émilie est une mémoire vivante de ce que tu es. On a le son mais on a aussi l'image. Elle t'imite. Ce petit sourire en coin, ce léger pincement de lèvres, cet œil un peu… enfin que je connais, que je reconnais quand elle le fait, j'ai l'impression que c'est toi. Elle est comique ta sœur, tu sais. Et ça me fait rire de te voir à travers elle. Ça me fait rire à double titre parce que ta sœur est drôle, parce que toi t'es drôle, c'est les deux pour le prix d'un, tu vois.

Tout à l'heure je suis allé chercher des jouets pour Victor, j'ai acheté un habit de Spiderman et un camion de pompiers. Un camion de pompiers qu'on peut téléguider. Je ne sais pas ce que je t'aurais acheté pour Noël. Oui, parce qu'on est à Noël, là, ça se prépare, enfin nous ça se prépare léger. Mais on va quand même faire un arbre de Noël puisque c'est Noël. On ne va pas se faire de cadeaux, on a décidé de ne pas faire de cadeaux, de ne pas en recevoir, de ne pas en donner cette année sauf à Victor, mais ce ne sera pas moi, ce sera le père Noël…

Donc cette année ce sera un Noël sans cadeaux. Ce sera un Noël sans Noël, surtout.

Ça va être le premier Noël sans toi.

Alors je ne sais pas à quoi ça va ressembler. Noël, ce sera plus jamais Noël.

Noël, c'était important pour moi. C'était cette manie de vouloir toujours rester dans l'enfance, de redevenir un petit peu un gamin et que ça soit quelque chose de partagé, de collectif, j'aimais bien ça. Ça pouvait paraître con à beaucoup de gens, « Ah, Noël, c'est une fête commerciale, gnagnagna… ». Moi, j'aimais. Je m'étais même fait engueuler une fois par une journaliste : « Comment, vous aimez Noël ? Mais comment est-ce qu'on peut aimer Noël, vous, Patrick Chesnais qui… gnagnagna. » Eh bien oui, j'aimais Noël ! Sauf que maintenant, Noël sans toi, je ne vais plus l'aimer. Je le sens.

C'est une grande première dans ma vie. J'ai attendu soixante ans pour en arriver là : je ne vais plus aimer Noël, je ne l'aime déjà plus, je suis totalement indifférent aux enluminures, aux machins, aux guirlandes, aux arbres qui clignotent, aux tours Eiffel qui scintillent, aux grandes roues, je m'en fous totalement, mon grand.

Noël c'est du passé, c'est vraiment très loin dans le passé, c'est fini, toutes les meilleures choses ont une fin. Toi, t'as eu une fin. T'étais une des meilleures choses que j'ai connues et tu as eu une fin.

On ne va donc pas préparer Noël. Mais la non-préparation de Noël demande une préparation malgré tout. On va passer notre temps à ne pas préparer Noël. Ça nous plaît comme ça. Je pense que ça t'aurait plu aussi. On va faire quelques décorations, ici à la maison, genre ta photo en beau mec accrochée au mur, ta photo marrante au pied du sapin… et puis aussi, peut-être, des agrandissements de ce que tes copains ont dit à la cérémonie le jour de ton enterrement. Mais il ne faut pas que ce soit un musée, non plus. Ça t'aurait un peu énervé cette histoire, « ça t'aurait vénère… ».

« Il est où Ferdinand ? » C'était une phrase qui revenait souvent cet été parce que c'est vrai qu'on te cherchait beaucoup. Tu avais une façon de t'esquiver, de disparaître. Tu étais quelqu'un qui disparaissait… Et on te cherchait et on se disait : « Il est où, Ferdinand ? », ça devenait une espèce de jeu entre nous. Même si tu étais à vingt centimètres de moi, assis à ma droite à table, je disais : « Il est où Ferdinand ? Ah, tiens, il est là ! » À l'aéroport, au moment de prendre l'avion, « Il est où Ferdinand ? » et dans la chambre d'hôtel pour regarder le match, « Il est où Ferdinand ? » Ta façon de disparaître... Mais là t'as frappé un grand coup avec ta disparition. Là c'est le top. C'est une grande, belle, super disparition à la con. « Il est où Ferdinand ? » T'es où, mon grand ?

Je sais pas quoi faire ce soir, je suis chez moi, je suis tout seul, ta sœur est allée se faire un peu aider par un spécialiste.

Alors qu'est-ce que je vais faire ? Je vais boucler ma valise pour demain, je pars jouer à Perpignan, et après à Cannes. Je sais que tu es allé à Cannes, t'es allé au Festival de Cannes, qu'est-ce que tu veux. Tu n'y es allé qu'une fois, c'était la première et la dernière, t'as eu des conférences de presse, des machins, montée des marches et tout le truc je crois. T'as dû te marrer.

Là on est en train de s'occuper de la restauration, de la compilation de toutes les vidéos qu'on a faites depuis que t'es tout petit jusqu'à cet été mais pour cet été j'ai peur qu'il y ait des choses d'effacées et ça, ça m'embête beaucoup.

On va faire un bouquin, on va faire un film sur toi, on va faire une association qui portera ton nom, qui va être d'utilité publique, ce sera pas mal qu'à cause de toi on fasse une association qui soit d'utilité publique, qui serve aux autres. Moi je sers le public, toi t'aurais pu servir le public aussi, mais là, la façon dont tu vas le servir, ça va être différent de celle qu'on avait imaginée. C'est mieux que rien.

Voilà mon grand. Je ne sais pas ce que je vais faire, je ne sais pas où je vais manger, je ne sais pas ce qu'il y a à la télé, je vais lire un bouquin je crois, je lis beaucoup de bouquins en ce moment et puis je vais parler de toi avec Émilie, j'espère qu'elle va me faire quelques bonnes imitations, j'ai hâte qu'elle rentre parce que j'ai l'impression que c'est toi, quand elle fait ton œil un peu malin et en même temps comme un enfant qui vient de naître, c'est ça qu'est bien chez toi, le mélange des deux, l'enfant pur qui vient de naître et le type un peu malin à qui il ne faut pas en conter. Je suis un peu comme ça moi aussi.

Je t'embrasse, à plus, c'était ton daron.

Perpignan, 20 décembre

Je suis à Perpignan. Belle chambre.

Il y a tout ce qu'il faut, j'ai écouté du Bach tout à l'heure, j'emporte toujours du Bach avec moi parce que je sais que tu adorais Bach et moi aussi, donc ça tombe bien. J'emporte aussi les cadeaux que tu m'avais offerts pour mon anniversaire, les deux CD, là. Eric McFadden, et Eddie and the Hot Rods. Ils sont super, ça me plaît beaucoup, je sais que tu avais mis beaucoup de temps à les choisir. Tu disais à Flore que c'était très important parce que c'étaient les soixante ans de ton père et qu'il fallait pas que tu te plantes. Je les écoute en boucle dans le train, dans la chambre. Il y a un lecteur de CD dans la chambre.

Je suis un peu fatigué, je vais aller jouer.

La nuit dernière, une de tes amies proches voulait aller chez Castel et elle m'a demandé par téléphone si je pouvais parler au portier pour la faire entrer. Je lui ai dit gentiment de se débrouiller toute seule.

Ça m'a rappelé toi, la fois où tu m'avais téléphoné, j'étais au fin fond de l'Afrique, je tournais et sur mon portable tu m'avais demandé : « Est-ce que tu peux dire au type de la sécurité que t'es Patrick Chesnais, que je suis ton fils, pour qu'il me laisse entrer dans la tribune présidentielle ? » C'était un match du Paris Saint-Germain, tu devais avoir quinze ans, je t'avais répondu que quand même il ne fallait pas exagérer, que tu pouvais te débrouiller tout seul, et puis que si tu n'étais pas dans la tribune présidentielle tu verrais le match quand même.

Je pense que c'était un souvenir de tes dix ans, on était allés ensemble dans la tribune présidentielle et après tu étais allé voir les joueurs dans les vestiaires et ils t'avaient tous fait une dédicace sur un maillot.

Tu avais l'impression que je pouvais tout. Patrick Chesnais, ton père, pouvait tout puisqu'il pouvait t'emmener à la finale de la Coupe du monde, puisqu'il pouvait trouver une place dans les restaurants quand il n'y en avait plus. Tu avais l'impression que j'étais une espèce de magicien.

Tu m'avais dit une fois que ton papa était le plus fort du monde, comme tous les petits le disent à leur papa, sauf que toi tu me l'avais dit à un âge assez avancé, quand même. Tu devais avoir quatorze ans ou plus. Rien ne pouvait t'arriver tant que j'étais là parce que j'étais là, je veillais et que j'étais très fort, quoi. Ça m'avait amusé.

J'aimais bien cette confiance que tu avais en moi, je pouvais répondre à tout, je pouvais te faire entrer dans les meilleurs établissements scolaires. J'ai travaillé pour toi, ça me plaisait bien, je te sentais fragile, je te sentais parfois un peu dépassé, attendant la suite, et la suite tu savais que ça pouvait être moi, et que dans ces cas-là ça allait s'arranger. Et parfois, c'était vrai.

Je vais aller jouer mon grand, je vais arrêter de te parler. On m'a proposé de parler de toi dans « Envoyé spécial », je crois que c'est une émission que tu aimais bien... Je crois que tu aurais bien aimé que je parle de toi à « Envoyé spécial », dans le cadre de cette association dont le but est de lutter contre la conduite en état d'ivresse chez les jeunes. L'association Ferdinand. Ton association. Je vais voir, je vais t'écouter, je vais fermer les yeux, je vais voir ce que tu m'aurais dit.

Cannes, 21 décembre

Là je suis à Cannes. C'est une belle ville. La chambre est plutôt sympa et claire, elle est petite, ce n'est pas une chambre de palace mais il y a un balcon qui domine toute la vieille ville, tout le port de Cannes. C'est bien.

Je suis allé me promener, chercher un restaurant dans la vieille ville, dans les petites rues tortueuses, et je pense à nos derniers voyages dans les petites rues tortueuses à la grecque, à la marocaine, mais surtout à l'italienne, bien sûr. Cannes, ce n'est pas loin de l'Italie, de la Sicile, de Naples.

Je me rappelle aussi les petites rues de Fès où je t'avais demandé de filmer les autochtones et tu t'étais un peu dégonflé, tu ne voulais pas, ça t'embêtait de filmer les Fassis, dans ce dédale de rues à tant d'années-lumière. C'est une ville du Moyen Âge en quelque sorte, avec des trognes, des airs, des figures, des allures qui t'impressionnaient beaucoup probablement, tu ne voulais pas, t'avais peur de les déranger, ou peut-être de provoquer leur hostilité. Je t'avais engueulé : « Quand même… tu peux filmer. Toi qui voulais tellement une caméra ! – Mais non, papa, j'veux pas… » Ça m'avait un peu déçu, et puis après je me suis rendu compte, et Josiane m'y a aidé, que finalement tu avais raison, c'était ton droit de pas vouloir filmer ces gens.

De temps en temps, on s'alpaguait comme ça. Enfin chacun à sa place, moi j'étais le père, toi tu restais le fils. Mais on s'aimait bien. Enfin plus que ça. Je t'admirais. Et puis j'avais envie d'être fier de toi. Je l'étais. Et chez toi je sais qu'il y avait un respect, t'étais un peu fier de ton papa. Même quand il t'engueulait, même quand il avait son chapeau de travers, qu'il arrivait avec son maillot de bain mal ficelé au bord de la piscine, avec ses cheveux hirsutes. Je sais que tu m'aimais bien. Enfin, tu m'aimais. J'en suis sûr, je le sens, je le sentais.

J'ai du mal à écrire ça. Il va falloir que je franchisse un peu les barrières de la pudeur. On était très pudiques, tous les deux. On arrivait à communiquer par anecdotes, par plaisanteries, ou par accolades. Et de temps en temps, on se racontait des choses mais toujours avec une extrême délicatesse, on faisait attention à ce qu'on se disait.

Une fois, je me rappelle, j'ai dû te choquer, je m'étais choqué moi-même, t'étais un petit bonhomme, tu devais avoir quatorze ans, je te ramenais de chez les gendarmes. Tu avais été vu en train de détériorer quelque chose, genre tagage d'abribus ou pas loin, et les gendarmes voulaient nous entendre, toi et moi. Et voilà, je m'étais retrouvé devant un gendarme, enfin devant quelqu'un qui possédait l'autorité, pas un directeur d'école, pas un entraîneur de foot, pas un surveillant général de pension : un gendarme.

Je pensais que tu t'étais fait repérer parce que tu étais mon fils, et de toute façon tu étais plus repérable que les autres. En revenant, tu avais l'air assez content. Pas de notre entrevue avec les gendarmes, qui d'ailleurs ne t'avait pas posé de gros problèmes – à moi non plus du reste, je trouvais ça plutôt rigolo, j'avais peut-être tort... Tu étais content de ta soirée de la veille où, m'as-tu dit alors, tu avais fait l'amour avec une fille.

J'étais étonné que tu m'annonces ça de but en blanc, et immédiatement j'ai voulu savoir. Quelque chose est sorti de brutal, où je te demandais si tu l'avais pénétrée, si elle t'avait..., des choses comme ça que je regrette encore de t'avoir dites, et j'ai senti que tu étais choqué, tu t'es un peu recroquevillé, tu n'as rien répondu. Peut-être que tu te demandais si effectivement tu avais réellement fait l'amour.

Nous en sommes restés là, tu es resté recroquevillé, comme si la parole du père jusqu'ici pour toi si responsable, si pudique, si attentive s'était brusquement galvaudée.

Peut-être avais-tu fait l'amour ce soir-là, je n'en sais rien, en tout cas tu étais content, tu avais peut-être embrassé une fille un peu plus que d'habitude, tu étais peut-être allé un peu plus loin, mais tu étais content, tu étais fier de ça, tu avais envie de dire à ton papa, lui que tu considérais je crois comme un grand voyageur – et ton histoire en était le témoin –, que toi aussi tu l'avais fait, tu savais ce que c'était, ça m'avait ému et j'y ai mal répondu. J'y répondu brutalement, en sortant de mon rôle de père, bêtement, je te demande pardon, j'ai peut-être un peu abîmé nos rapports ce jour-là, en tout cas j'ai empêché qu'on aille plus loin dans les confidences pour quelques jours ou quelques semaines.

C'étaient la jeunesse, l'adolescence, le soleil, l'île de Ré, c'étaient les conneries qui vous amènent devant les gendarmes. C'étaient les flirts, les sorties le soir, probablement les premiers pétards, les premières bières sur la plage, les premières déconnes avec les copains. On regarde les filles d'un autre œil, on les touche, on leur plaît, la vie est là. Ça me faisait plaisir que tu découvres ce monde à l'apogée de sa beauté, de sa légèreté. Les rues de l'île de Ré, cette belle maison que j'avais construite pour toi et pour Émilie… et pour nous aussi, un petit peu, Josiane et moi, faut pas déconner.

Je me rappelle d'ailleurs que, quand tu me parlais de la maison, tu me disais : « Dis donc, ça va valoir cher plus tard, quand vous ne serez plus là, non pardon papa, pardon, non, c'est pas ce que je voulais dire… »

J'étais content que tu t'amuses, j'étais content que tu déconnes, j'étais content que tu sortes avec tes copains. Je me disais : « Il apprend la vie, là aussi on apprend la vie. Il n'y a pas qu'avec les parents, il n'y a pas qu'à l'école, c'est en sortant le soir, en voyant des filles, en organisant des sorties, en se confrontant avec d'autres. »

Quand il y avait des problèmes, des petits bastons légers, tu étais un peu spectateur.

De temps en temps, tu voulais t'en mêler, une fois t'es rentré avec une dent cassée, t'étais tombé paraît-il, enfin t'avais reçu un coup de boule à la sortie d'une boîte. Je l'ai su plus tard. T'étais toujours un petit peu dans les mauvais coups, quand même. Tu y allais de bon cœur mais tu n'étais pas un agressif, tu voulais juste t'interposer, tu n'étais pas un méchant ni un violent, tu étais un contemplatif.

J'en reviens à Cannes. Il y a ta photo, là. Josiane m'a acheté un très beau porte-photos que j'ai déployé sur la table. Je vais me coucher en te regardant, j'ai rêvé de toi cette nuit, t'étais un petit bonhomme, et on jouait au foot ou à quelque chose de ce genre-là, t'étais petit, t'avais dix ans, ce n'était pas tout à fait toi mais je savais dans mon rêve que c'était toi, tu avais les cheveux un peu longs, un peu blonds, t'étais marrant, c'était sympa ce rêve.

Je n'ai pas aimé que ça s'arrête, j'aurais voulu continuer mais il fallait que je me lève.

Je t'embrasse, à demain mon grand.

Ciao…

Cannes, 22 décembre

Depuis mon balcon, je vois le soleil décroître peu à peu derrière les montagnes, et arroser de jaune les bateaux du port et quelques maisons, et la baie, et ça me fait inexorablement penser au balcon de l'hôtel Excelsior, cet été, près de Naples, où tu restais souvent, avec moi, à regarder le soleil décliner ou croître, plutôt décliner d'ailleurs en ce qui te concerne : tu avais tendance à te lever tard.

Maintenant je sais que les images du monde, les belles images du monde ne provoqueront plus chez moi aucun espoir, aucune légère exaltation. Chaque image du monde me rappellera une image que j'ai partagée avec toi, celle-là en est une, voilà c'est Naples, ce sont les montagnes au loin, la baie, les bateaux, la douceur. Puisqu'il fait doux. On est à deux jours de Noël et il fait très doux et je ne suis pas à Cannes, je suis à l'hôtel Excelsior près de Naples, tu es toujours parmi nous, je vais bientôt te rejoindre sur la terrasse où je t'aperçois en train de boire une bière avec Josiane et je suis bien, j'ai ma famille, j'ai toi, ta grande dégaine là-bas, qui me fait tellement sourire et qui m'émeut tant. Il y a des Klaxons, les bateaux qui vont qui viennent. L'incroyable luminosité du soleil. Pourtant on est en plein hiver. Je crois que maintenant ce sera toujours l'hiver pour moi.

Mais l'hiver peut être beau, l'hiver a des vertus, l'hiver a des avantages.

Je t'embrasse.

Paris, 26 décembre

On vient de passer Noël.

Bon, c'était un peu chaud. Mais on l'a passé. Ça, c'est fait. La consigne, c'était : « Pas de cadeaux. »

On a mis tes portraits. Alors là c'est le gros matos, on a fait agrandir tout ça. Il y en a un juste au-dessus de la table, là où il y avait la reproduction de Hopper, et puis il y en a deux autres qui sont au-dessus de la bibliothèque en attendant mieux, et un autre encore dans ma chambre. Ce sont de grands agrandissements, il y en a un, t'es le beau mec, l'autre t'es encore beau mec et le troisième, t'es encore plus beau mec, on sait plus où donner de la tête.

Et on a fait agrandir aussi ce que tes potes ont dit à l'enterrement.

Et puis, on a fait comme d'habitude, finalement, on n'a pas fait trop nos chochottes non plus, c'était foie gras, saumon, chapon, fromages, bûche au chocolat. Une espèce de totale. Enfin, c'était comme d'habitude. Sauf qu'évidemment, tu dois bien te douter que ça n'avait rien à voir.

Ta grand-mère, Gisèle, n'est toujours pas au courant que tu n'es plus là. Quand elle a demandé de tes nouvelles, j'ai dit que tu étais parti réveillonner chez Nicole Garcia, avec ta mère.

Nous on n'a pas tellement parlé de toi. Enfin tu étais là à tous les instants bien sûr, on a discuté de choses et d'autres, je n'ai aucun souvenir, simplement il fallait verser le vin, m'occuper de ma mère, déboucher les bouteilles, trouver une place pour manger. Et vers minuit et demi, ta grand-mère était partie se coucher, on a commencé à parler de toi, de l'accident, du pourquoi, du comment, l'enquête des flics, le juge d'instruction, les sens interdits, l'excès de vitesse, l'ivresse, ce qu'on allait faire, ce que j'étais en train de faire, ce qu'il faudrait faire, ce qu'on aurait dû faire…

Là-dessus mon vieux copain Bernard, je ne sais pas ce qui lui a pris, il est resté jusqu'à 4 heures du matin. C'était sa façon à lui de me faire comprendre qu'il était avec moi. On a bu du vin.

Le lendemain, c'était Noël proprement dit, je suis allé sur ta tombe, ah oui la veille je t'avais apporté un arbre de Noël, un bel arbre, je me le suis coltiné depuis le fleuriste, il pesait à peu près soixante kilos : c'était un arbre en pot. J'ai failli me démettre l'épaule, j'avais les mains pleines de boue ainsi que mon beau manteau, celui que tu n'avais pas encore : tu m'avais piqué le beau manteau bleu, et il y avait l'autre manteau sur lequel tu lorgnais, je pense que tu l'aurais eu un jour. Là, il était vraiment cradingue.

Donc j'ai déposé ce bel arbre de Noël. Grand. Chez toi, là, à Montparnasse, t'as toujours aimé Montparnasse… eh bien voilà. J'ai mis une guirlande dessus. Ta mère n'était pas trop d'accord je crois, le côté suisse protestant tu vois, une guirlande, ça ne sert à rien, il vaut mieux garder l'arbre dans sa pureté. Moi je trouvais qu'une petite guirlande, quand même, ça faisait Noël et puis ça t'aurait amusé, ça t'aurait plu. Josiane, elle, t'a mis un petit renne, qui fait l'admiration de tout le monde. C'est un très joli petit renne.

J'ai filé à ta mère tes écrits, que j'avais trouvés dans ton sac. Elle me les réclamait. On se partage les reliques si je peux dire – peut-être le mot est-il un peu fort, non ? je retire le mot. Chaque objet qui t'a appartenu, que tu as fréquenté, que tu as porté est un terrain sensible pour nous, j'espère que ce ne sera pas un terrain miné.

Après j'ai raccompagné ma mère à la maison de retraite, il a fallu la retransporter avec son fauteuil roulant dans l'ascenseur, mais tu étais pas là. Là tu as manqué quand même, enfin on s'est démerdés sans toi, un copain à moi a fait le boulot.

Qu'est-ce qu'on a fait le soir du 25 ? J'ai picolé encore un peu de vin. On a mangé les restes. Je suis pas allé chez Nicole, je sais pas pourquoi. Et puis on a regardé un film. Voilà, Noël était passé.

Le petit Victor va venir chercher ses cadeaux. Il était à la campagne pour Noël. Il va arriver, il va voir ta grande photo, tout de suite, du haut de ses quatre ans, il va dire : « Ça, c'est Ferdinand. C'est mon frère », je dirai : « Oui, c'est ton frère, Ferdinand. » Voilà. Comme disait ton copain Justin : « Il s'est barré. Ce vendredi 13 octobre, 3 h 19, il s'est barré. »

Victor va ouvrir ses cadeaux, et puis voilà, je vais partir à l'île de Ré.

Là-bas je vais aller dans ta chambre.

Ça va être un moment.

Je vais faire le tri, je vais chercher des cassettes, des trucs qui ont dû rester là-bas, des photos aussi, je vais voir aussi comment la maison va vivre sans toi. Elle ne va pas vivre de la même façon, elle va respirer différemment, elle va avoir des problèmes respiratoires, elle va prendre un coup de vieux. La maison de l'île de Ré sans toi, elle va être défigurée un peu.

Ton grand corps affalé là, à 2 heures de l'après-midi, qu'il fallait que je traîne pour prendre son chocolat… T'étais marrant, quand on revenait de la plage, tu venais t'installer avec nous pour manger, c'était bien. T'étais un grand garçon plein de charme, putain. Ce charme et ce mystère… J'étais sensible à ça parce que parfois je reconnaissais quelque chose que je détectais, qui m'appartenait un peu, je le sentais comme ça.

Comme j'essaye d'écrire un bouquin, je me renseigne. En ce moment je relis *Paris est une fête,* d'Hemingway. C'est simple, c'est direct, c'est fort, il y a pas de chichis. Hemingway… Peut-être que tu connaissais, je ne sais pas, je ne savais pas tout de toi. Je ne connaissais pas toutes tes lectures. Enfin quand même quelques-unes.

Je me rappelle *Michel Strogoff*, de Jules Verne, que tu avais dévoré, mon pote ! Tu étais petit, tu avais treize, quatorze ans, sur la plage, tu tournais les pages… Tu ne savais plus où t'étais, t'étais quand même assez étourdi, tu marchais en lisant, plus rien n'avait d'importance.

Parfois on avait l'impression que tu t'envolais dans tes rêves, un peu comme un Peter Pan, un peu comme moi, un peu comme mon père, dans ton monde de Birdy, ton monde jubilatoire. *Michel Strogoff*, ça, ça a cartonné. D'ailleurs t'as eu 20 sur 20. Ça voulait dire que ça t'avait plu, quand même ! 20 sur 20, je crois que c'est la meilleure note que t'aies jamais eue, remarque, c'est difficile d'avoir plus, en tout cas c'est la seule et unique fois que tu as eu 20 sur 20.

Quand t'étais emballé, c'était comme ça. Il y a un autre truc qui t'avait emballé, c'est *21 grammes*, un film du Mexicain, tu sais, Iñárritu. Tu avais vu son premier film aussi, *Amours chiennes*. Tu n'as pas vu le troisième, *Babel*, il est sorti… il est sorti en même temps que t'es mort, à peu près… à peu près en même temps, tu vois. Celui-là, tu l'auras loupé.

21 grammes, ça t'avait plu.

C'est tout pour aujourd'hui.

Après, il va y avoir le 31 décembre.

L'année dernière, tu étais venu me rejoindre. Avec Nicole Garcia et Frédéric, et il y avait Dussollier qui était là aussi, au Select. Tu étais passé avec un copain, ils ne voulaient pas te laisser entrer au départ. Bref, tu étais venu une demi-heure, t'avais ta bonne bouille, c'était sympa, tu m'avais embrassé, on s'était dit « Bonne année », tu allais passer une soirée arrosée avec tes potes, tu avais fait le détour pour venir me voir, c'était charmant.

Quoi d'autre ? Je vais aller à l'île de Ré trois jours, je vais voir ta chambre, je vais essayer de me repaître des petits détails, tes chaussettes sales dans un coin, tes trucs, et puis je vais surtout chercher des cassettes, parce qu'il me manque des cassettes vidéo de Naples. Naples, c'était chargé, ça t'avait plu. C'était un beau voyage. C'étaient tous des beaux voyages. Surtout les derniers qu'on a faits, là, l'un à la suite de l'autre.

Je m'arrête là. Josiane rentre, j'entends sa clé.

Je t'embrasse.

Ré, 28 décembre

Voilà. Ça y est, je suis à l'île de Ré.

La maison n'a pas bougé. C'est l'hiver. Je suis allé direct dans ta chambre. Il faisait un froid de canard, on se serait cru dans un frigo. J'ai immédiatement cherché, j'ai regardé tes... ce qui restait, pas grand-chose, un vieux jean que tu portais souvent, des affaires que tu m'avais piquées, un blouson que j'avais à une époque, un peignoir de bain que j'avais cherché désespérément, que tu m'avais taxé puisque je l'ai retrouvé là, et puis un pull de camionneur. Et un préservatif. J'ai bien aimé retrouver ce préservatif.

J'ai aussi retrouvé une lettre de ta mère. Elle te l'avait envoyée cet été, elle te disait qu'elle était heureuse d'avoir un fils comme toi aussi beau, aussi doué. Ça m'a ému. Elle t'envoyait aussi des adresses de médecins, il y avait toujours ce putain de problème d'estomac.

Il faisait assez froid dans la maison parce qu'il y a un radiateur qui ne marche pas. On a fait du feu. Je suis avec Véronique. Je suis là pour deux ou trois jours. J'ai repéré aussi ton vélo, sans selle. On t'avait piqué la selle, tu te rappelles ? Il est là, il attend, il a l'air complètement paumé, pauvre et abandonné sans sa selle. Il va rester là longtemps à mon avis, enfin je vais peut-être m'en servir quand il aura une nouvelle selle.

J'ai découvert un truc, j'aime bien me servir de tes affaires... Je me sers de tes affaires, c'est comme ça.

Il y a tes photos sur le frigo. C'est un moment un peu compliqué, quand même. Parce que la maison sans toi, évidemment ce n'est plus tout à fait pareil. Mais enfin, il y a ton bon fantôme qui est là, qui rôde, je le sens.

Il y a ta chambre. Toute bleue. Intacte, égale à elle-même, enfin intacte, ce que t'en avais laissé, il y avait entre autres cette putain de lampe que tu avais cassée un jour, une belle lampe qu'on n'a jamais remplacée, donc il y a une ampoule nue, c'est un peu trash mais c'est pas mal.

Voilà, plus rien. Que le froid.

La maison est impec, un peu sale mais l'hiver, c'est un peu noir partout. Le jardin… La palissade est un peu enfoncée. Tu sais, on appelle ça les brandes. Il y a eu une tempête et les poteaux ont été arrachés, on va réparer ça.

J'ai regardé le jardin où on a souvent joué au foot. On a encore joué au foot avec Victor cet été, et puis même à Pâques, j'avais joué tout seul avec Victor et je t'ai envoyé un texto : « Je suis en train de jouer dans le jardin avec Victor, ça fait drôle. » Parce qu'on avait tellement tapé le ballon dans ce jardin, surtout quand moi je pouvais encore jouer, quand ma hanche ne m'emmerdait pas encore… Et tu m'avais renvoyé direct un texto : « Le temps passe, les générations restent. » Ou peut-être le contraire, « Le temps reste, les générations passent », je ne sais plus exactement. En tout cas je comprenais globalement le sens général.

L'île de Ré, c'est chargé. Il n'y a pas un mètre carré, pas un où tu n'es pas là. Je ne suis pas encore allé sur la place à vélo, je me suis un peu dégonflé là, j'y vais mollo, j'y vais doucement. Les pas dans les pas. Mais à petits pas.

Je suis passé devant chez Neaud, ils m'ont envoyé une très jolie lettre, les Neaud-Morin, les loueurs de vélo, en me disant qu'ils étaient bouleversés, qu'ils t'avaient vu grandir, et qu'au fil des années ils s'étaient attachés à toi. Peut-être à cause des clés d'antivol que tu ne leur rendais jamais, ça crée des liens. Ce sont des petites choses, des petits riens, mais c'est là, ça existe, c'est dans le cœur des gens.

Je me rends compte que je suis pas très marrant quand même. Tu aurais voulu que je sois un peu plus marrant je pense, je vais essayer de faire plus rigolo, mais bon... C'est un challenge d'être drôle avec ça. C'est un sujet qui au départ exclut le comique. Franchement, comme comique de situation, on fait mieux. Je vais essayer quand même.

Bonne nouvelle. J'ai retrouvé le film qu'on avait tourné cet été, c'était un film axé sur Mamy Gisèle : on s'était dit qu'il fallait très vite faire des films sur Mamy Gisèle parce qu'en ce qui la concernait, à quatre-vingt-seize ans, le temps pressait. Tu es sur ce film, tu y es même pas mal pour un type dont jamais on n'aurait pensé que ça s'arrêterait. On ne t'a pas particulièrement filmé : on se disait que t'en avais encore au moins pour soixante-dix ans. Mais enfin, on te voit, tu es là. Tu chantes. Tu as même chanté un petit peu la chanson des *Vieux Amants*. À un moment tu parles avec Mamy Gisèle, très gentiment comme tu savais le faire, tu prends le temps de lui parler, tu es assis à côté d'elle et tu lui parles, tu rigoles.

Quoi d'autre sur l'île ?

Je n'ai pas voulu aller trop parler aux commerçants. Petit à petit je le ferai. Je ne me sens pas particulièrement pestiféré ni honteux, mais un peu quand même. Parce que mon fils de vingt ans s'est barré. Ta grande dégaine dans Les Portes, on la connaissait. On la reconnaissait de loin, c'était Ferdinand, t'étais très populaire aux Portes-en-Ré. Tu vas manquer. « Il est où Ferdinand, cette année ? Il est pas venu ? – Ben non… et puis il ne viendra plus. »

Tu joues du piano dans le film que j'ai visionné hier, le film sur Mamy Gisèle. Un peu. Comme t'allais pas mourir, on ne t'a pas beaucoup filmé, c'est dommage. Si on avait su que t'allais mourir, on t'aurait bombardé dans tous les sens, mais tu étais celui qui était indestructible de toute façon.

Quoique.

« J'ai toujours tremblé pour Ferdinand », m'a dit ta grand-mère Nelly.

« J'ai toujours tremblé pour Ferdinand. »

Moi, je n'ai pas dû assez trembler, je suppose, enfin j'ai tremblé aussi mais je me suis habitué.

On a fait un feu de bois avec Véronique. On va aller au restau ce soir, on va boire un peu de vin.

J'aimerais bien que tu m'appelles si t'as un truc à me dire. C'est toujours moi qui te parle.

Je ne sais pas, peut-être qu'il y aura des signes. On me dit que tu vas m'envoyer des signes. Tu sais, tous ces gens qui étaient extrêmement sceptiques et rationnels et qui ne croyaient en rien au départ, puis qui brusquement voient, sentent un truc qui les persuade qu'il y a quelque chose après la mort, que les âmes sont là et nous observent, nous envoient des signes et qu'avec elles on peut communiquer.

Bon, on va voir.

Why not ?

Hier je faisais des classements de cassettes, toujours.

À propos, bonne nouvelle, on m'a téléphoné du labo qu'on a pu restaurer les huit cassettes où tu étais petit, des voyages autour du monde, de l'île d'Yeu, des Noëls, tout ça. (Elles étaient abîmées.)

Alors ça va être une grande première, on va se visionner tout ça, je m'en lèche à l'avance les babines.

Des cassettes qui ne te concernaient pas forcément mais on ne sait jamais, des interviews que j'avais faites, des queues d'interviews, des plateaux, des machins… À un moment, alors que je faisais rouler une des cassettes pour savoir ce qu'il y avait dessus, au hasard je me suis arrêté, l'image est devenue fixe et il y avait marqué « saint Ferdinand ». C'était une fin de journal télévisé où ils présentaient le saint du lendemain, dans les années je sais plus combien. Je suis tombé sur « saint Ferdinand ». J'en ai parlé autour de moi. Josiane a dit que ça, c'était un signe et Émilie était d'accord : c'était un signe que tu m'envoyais.

Bon, j'en accepte l'augure, j'en prends note. Mais envoie-moi… tu m'en envoies encore, hein ? Faut pas s'arrêter là, hein ? Là, c'est léger, comme signe. Il m'en faut un peu plus, tu sais je suis gourmand avec les signes moi, je suis insatiable. Alors vas-y. Vas-y. Lâche-toi. Envoie-moi tout ce que tu peux, tout ce que tu veux.

Allez. Fin du truc.

À demain. Je t'embrasse.

Ré, 29 décembre

Je suis dans la maison, je regarde vaguement la télé, j'ai essayé des DVD, aucun ne m'a plu, je traînaille, je fume, je m'attends à ce que la porte s'ouvre, il est 2 heures du matin, et que tu rentres.

Et que tu te précipites sur le frigo. Ou tu es très bavard ou un peu mutique, selon la soirée que tu as passée. Tu manges du Nutella, tu te fais un croque-monsieur, tu bois de la flotte, peut-être une bière. Non, la bière tu l'as bue avant, avant de rentrer. Enfin, « les » bières.

Voilà, moi je vais me coucher je pense, je vais te laisser, je suis crevé, je t'ai quand même un petit peu attendu, je vais toujours me coucher tranquillement une fois que je sais que tu es là. Mais quand même, parfois tu poussais le bouchon quand tu rentrais à 4-5 heures du matin, c'était trop pour moi, je dormais depuis un moment, j'avais baissé les bras, j'avais baissé la garde, j'avais lâché. Et encore l'année dernière ou il y a deux ans, j'attendais que tu sois là pour me coucher, parfois ça m'emmenait assez loin mais j'aimais bien, je regardais des films, je bouquinais, je pensais à des trucs, je lisais des scénarios, j'écoutais de la musique. À un moment, je guettais vaguement la porte, le bruit de la porte, un mouvement furtif de l'autre côté du patio, et tu arrivais immanquablement. Tu montais dans ta chambre, tu redescendais très vite pour manger, t'avais toujours faim et puis t'avais envie d'être là, peut-être un peu avec moi dans le salon en rentrant de… en rentrant d'où, au fait ? De chez tes copains, de la place, du Gros-Jonc, de L'Émeraude, de La Case à Vent, de La Bazenne, de chez Roland de la plage de la Chiouse, du Petit-Bec, de chez Adrienne, de chez Sophie ?

J'ai encore un vieux réflexe de tourner la tête dès que j'entends un bruit qui ressemblerait à une porte qui s'ouvre ou qui grince, mais non, je sais que c'est fini. En plus Émilie n'est pas là. Donc… non plus.

À l'avenir, il y aura encore le bruit. Je sais que dorénavant Émilie va être raisonnable, elle rentrera plus tôt. Toi, tu m'intriguais. Tes allées et venues m'intriguaient. Tu es toujours apparu-disparu d'une façon intrigante. C'est ça aussi, toi. T'étais comme ça. C'était tout un monde qui apparaissait quand tu apparaissais et qui disparaissait quand tu t'en allais. Un monde à toi, mystérieux, joyeux, lumineux, un monde de l'enfance. Qui était là. En pleine maturité. C'était beau à regarder.

Allez, je vais me coucher. Je sais que tu rentreras pas.

Ciao…

Ré, 30 décembre

C'est l'avant-dernier jour de l'année et la dernière nuit à l'île de Ré.

Je suis allé à la plage du Petit-Bec, les pas dans les pas, j'ai croisé Marie Dardillac, son fiancé et puis toute une bande de copains à toi. Je n'ai pas pu tous les identifier mais je sais que c'étaient des copains à toi.

On a installé une belle photo de toi à côté de la télé, sur le mur. Comme ça quand on regardera la télé, ce qui nous arrive souvent, tu nous regarderas en train de regarder la télé et nous on te regardera en train de nous regarder regarder la télé. T'as un petit air souriant, un peu ironique, les beaux yeux en amande qui nous regardent droit. Droit dans les yeux. On a installé la photo avec Véronique, on a eu un peu de mal, c'était une petite séquence rigolote : « Non, trop droit, pas assez, de travers… hop, attends, passe-moi le marteau, il est où ? Il est tombé. Merde, où est le clou ? Attends, j'en ai un autre… » Tu vois, les Bidochon accrochant un tableau, quoi. Mais on y est arrivés. T'es impeccable. T'es droit, droit dans tes bottes.

J'ai voulu prendre une douche, tu sais, ma douche américaine que tu aimais bien. Il n'y avait plus d'eau chaude. Donc je suis allé en haut. Pour la première fois, j'ai pris une douche dans ta douche. Je me suis dit que c'était un signe… tu voulais que je prenne une douche dans ta douche.

J'ai fait le tri des photos. J'ai trouvé des tas de photos de toi quand t'étais petit.

On va repartir demain.

Demain, ça va être le réveillon du 31 décembre. Ta mère est toujours aux Indes, j'essaierai de la joindre là-bas.

Ce soir, Marie Dardillac va peut-être venir boire un verre avec son ami. Chaque fois que j'en aurai l'occasion, je dirai à tes copains de l'île de Ré de venir boire un coup avec moi. On rigolera, on regardera ta photo, on regardera peut-être des DVD. Et puis tes copains de Paris aussi, je les inviterai. Il y aura chambre ouverte. Ta chambre. Faut pas que ça devienne un sépulcre ta chambre, ni un mausolée, il faut qu'elle continue à être habitée. Par tes copains. Jonathan, peut-être Simon, Éric. Pourquoi pas Adrienne ?

Marie Dardillac n'est pas venue finalement.

C'est beau l'île de Ré, t'as eu de la chance. Quand même. Un peu de chance. Parce que quand on meurt à vingt ans, on ne peut pas dire qu'on a eu de la chance. Mais jusqu'à vingt ans, c'était plutôt bien, les vacances, c'étaient des vacances idéales. On ne peut pas rêver mieux.

Je ne sais pas comment va résonner cette maison maintenant. L'été, avec tous ces gens, ces gamins, ces copains, ces copines qui passaient, ces amis, elle résonnait bien. On va essayer de continuer à la faire résonner. Elle avait une bonne résonance cette maison, elle sonnait bien. Il y avait des éclats. Des éclats de voix, des éclats de rire.

C'était une maison éclatante.

Paris, 1er janvier 2007

Le 31 décembre, retour de l'île de Ré avec Véronique, qui me relayait au volant. À Paris, petit détour par chez Mamy Gisèle pour boire un peu de champagne avec elle, ça a été. Après, j'ai attendu Josiane à la sortie du théâtre où elle jouait et on est allés avec Véronique chez Bernard Crombey, il y avait Alain Cavalier et sa femme. À minuit, on s'est pas souhaité bonne année. Josiane et moi on était un peu sonnés. Les gens nous ont simplement embrassés. Bernard Crombey m'a susurré un petit « Courage » dans un coin. C'était maladroit, c'était chaleureux.

Après, j'ai pas mal picolé. Ta sœur n'était pas avec nous, elle était à un dîner avec Héloïse, et Benjamin son amoureux, et puis à une vague fête dans le cinquième, enfin la routine. On s'est appelés à minuit, on s'est pas souhaité bonne année.

En revenant à peu près à 4 heures du matin de chez Bernard, c'est Véronique qui a pris le volant, parce que moi, j'avais un peu picolé. On est revenus sur les lieux du… les lieux de tes exploits. Voilà, au 12/4. Entre la porte d'Auteuil et la porte de Saint-Cloud. La borne numéro 12/4. Et là je me suis lâché. J'ai jeté une fleur, qui est tombée pile à l'endroit précis du 12/4. J'ai balancé la fleur, elle est tombée impec. Rien à dire. On avait essayé une fois avec ta sœur mais on n'y était pas arrivés, il y avait des voitures derrière, c'était dangereux.

Mais cette nuit du 31, cette fleur, je l'ai comme déposée au bon endroit, sans à-coup, sans problème.

Quand je voyais à la télé une catastrophe aérienne, tout le monde jetait des fleurs dans la mer à l'endroit où s'était scratché l'avion, quand un élève s'était fait tuer sur un trottoir devant l'école, tout le monde déposait des fleurs. À l'endroit où toi tu es mort, il n'y avait aucune fleur, rien, quelques débris de verre brisé, c'est tout. Tu me diras c'était sur le Périph', dans une courbe, c'est un peu compliqué ou alors faut fermer le Périph', mais là, je n'en ai pas encore les moyens…

Le 1er, on est allés au cimetière avec Josiane et Émilie, on a croisé Séverine à notre arrivée et Nelly, ta grand-mère, qui était bien triste. Après je suis allé chercher Victor, on a passé la soirée ici, et voilà une journée bouclée.

J'ai reçu pas mal de textos. Ta mère me disait qu'il était difficile d'imaginer une année aussi terrible que celle-là, je lui ai répondu que je la serrais très fort. Je lui ai demandé si ça allait, elle m'a répondu : « Ça va dans les limites du genre. » « Dans les limites du genre », c'est une expression que j'ai consacrée, qui était venue d'un metteur en scène très connu pour son profil de théâtre pur et dur et qui était venu voir une pièce de… on va dire de boulevard que je jouais l'année dernière aux Mathurins, tu sais, *Une heure et demie de retard*. Il avait beaucoup ri et m'avait dit : « C'est vraiment formidable dans les limites du genre ! » Ce « Dans les limites du genre » m'est resté, c'est devenu un *private joke*, tu sais, comme tu aimais. On disait : « Il fait pas si froid que ça, enfin dans les limites du genre », « La bouffe est pas mal dans les limites du genre », etc. Et depuis que tu n'es plus là, quand on me demande si ça va, parfois je réponds : « Oui, ça va dans les limites du genre. » Ta mère l'a repris à son compte dans son texto : « Oui, ça va dans les limites du genre. » Ça m'a presque fait sourire.

Voilà mon grand.

Voilà comment ça a été torché, cette fin d'année. Maintenant on va passer à autre chose. On va commencer cette putain d'année puisqu'on a fini cette autre putain d'année de 2006. Ça, 2006, ça a été une sacrée putain de bordel d'année.

Surtout le dernier trimestre.

Surtout l'automne. L'automne a été meurtrier.

Allez, on va bientôt arriver à minuit là. Donc on va être le 2 janvier, puis après le 3, puis après le 4, le 5, puis le mois de février, puis mars, puis avril, puis 2008 puis 2009 et ainsi de suite jusqu'à ce que mort s'ensuive.

Charbonnières, 9 janvier

Je joue à Charbonnières, à côté de Lyon. Un copain d'enfance à moi est venu me voir, Serge Fonsolet, dit « Nounours ». Il m'a filé une photo de mon quartier avec lui dessus et puis une ancienne photo de moi avec lui et Anny Duperey, un autre ami – Jacques Le Carpentier – et un autre encore qui s'appelait Michel Prouvot.

Moi je suis de profil, je regarde tous mes copains. On avait seize ans, dix-sept. C'est incroyable ce que je te ressemble ; à un moment, j'ai cru que c'était toi, ça m'a frappé.

Et avec ce type, Nounours, on a plongé là-dedans. « Qu'est devenu Binet, tu te rappelles Masson et Thierry Destrez, et Untel et Untel, et la fois où on s'était retrouvés avec ta cousine ? »

Et puis voilà, dans tous ces devenirs en filigrane, chacun a pris sa route, chacun a pour ainsi dire accompli son destin. Avec des hauts et des bas, des carrières, des absences, des trous. Fonsolet a été quelque chose dans la culture, dans les maison de la culture, et maintenant il vend des fruits sur les marchés, en espérant toujours revenir un peu dans le théâtre ou dans l'action culturelle, il a eu un cancer, le cancer du fumeur, il s'en est sorti, ça a été pris à temps mais il continue à fumer. C'est comme ça. C'est la vie.

Mais toutes ces rencontres, ces souvenirs, ces évocations, auxquels j'aurais été sensible il y a encore quelques mois, là je m'en fous.

Ma vie a commencé il y a vingt ans quand tu es né.

Ma traque du passé, ça va être les vingt dernières années, je vais en guetter les tours, les détours, les recoins. Finalement, c'est pas si loin que ça, pas assez loin, c'était très court, ça a passé très vite, ça s'est arrêté beaucoup trop vite bien sûr. Je vais essayer d'en tirer le substrat.

À Lyon, je suis à l'hôtel Carlton, tu sais, mon petit hôtel Carlton ? Tu ne connais pas Lyon, toi. Tu n'as pas fréquenté Lyon. Moi j'ai de grands souvenirs à Lyon, j'y ai beaucoup travaillé, j'aime bien cette ville. Émilie était venue toute petite, elle a beaucoup fréquenté le parc de la Tête-d'Or. Elle fait un peu partie de Lyon. Toi, pas du tout.

T'as jamais été inclus dans Lyon.

Si, une fois quand même, quand ta mère était venue me retrouver, au Carlton justement. Elle était très enceinte de toi, et Josiane était avec moi, on répétait *Le Misanthrope* au théâtre des Célestins. Elle était venue me retrouver, et tu étais là, dans son ventre... Je ne savais pas encore à quoi tu pouvais ressembler. C'était une situation assez compliquée mais bon. J'avais passé cette nuit quand même avec toi à Lyon, peut-être deux nuits. Tu étais dans le ventre de ta mère, près de moi. Je me souviens que dans le silence de la nuit et la paix retrouvée, j'imaginais, une main posée sur son ventre rond, ce qu'allait être ta vie.

Je crois que c'est le seul souvenir que j'ai de toi à Lyon.

Charbonnières, 9 janvier

Ce matin j'ai reçu un texto d'Éric Assous m'annonçant la naissance de ses deux enfants Suzanne et Félix. Je lui ai renvoyé un texto leur souhaitant une bonne et longue vie. J'ai pensé que toi, si ta vie n'avait pas été longue, elle avait été probablement et sûrement très bonne.

Vevey,
11 janvier, 14 heures

Je suis retourné en Suisse. Pareil, la même chambre. À Vevey. La première fois, c'était trois semaines après ta mort. Là ça fait... ça va faire trois mois. C'est pareil, ça n'a pas changé, la même chose, rien n'a évolué, tout est figé, les mêmes souvenirs, les mêmes regrets, la même souffrance, les mêmes meubles, le même froid.

Tu aimais bien aller en Suisse. On allait à Neuchâtel, quand tu étais petit, avec ta maman. On avait fait du ski, tu commençais à grandir, tu skiais bien... Et puis on avait été à la piscine, on avait nagé, c'était l'hiver, les lumières du bus étaient comme en 1948, un peu blafardes, un peu comme en 1948.

Voilà, je pense à toi à skis, ou en snowboard, je n'ai jamais eu le plaisir de te voir en snowboard, j'ai loupé le coche. On croit qu'on a la vie devant soi pour voir son fils en snowboard. C'est faux. Faut se dépêcher. Comme dit Paul Bowles,

les meilleures choses nous sont comptées, il faut en profiter, faut pas croire que tout est éternel.

Voilà, je ne t'ai pas vu en snowboard mais je sais que t'aimais bien la Suisse, on y est allés souvent tous les deux et, depuis qu'on s'était un peu éloignés, ta mère et moi, tu y allais avec elle, des amis, avec Adrienne je sais, avec ton oncle.

Ce soir j'ai dîné dans un excellent restaurant, avec Évelyne Buyle, ma partenaire, dans un bel hôtel de Vevey, après on est allés boire un verre au bar. Il y avait un pianiste qui jouait du blues, des grands airs de jazz. On est arrivés dans ce bar, et je t'ai vu, tu étais assis sur le bras d'un fauteuil, avec ta chemise à rayures bleues et blanches. Je me suis dit : « Putain, jamais je ne le reverrai assis dans un bar à écouter du jazz avec moi. »

Tu serais allé voir là-bas si j'y suis, ou pisser un peu trop longtemps, voir négligemment ce qu'il y avait sur le parking, ou simplement discuter avec un serveur, de moi peut-être ou de fringues, ou de foot. Je me serais dit : « Il est où, Ferdinand ? » Tu serais arrivé. T'aurais demandé : « Bon alors, une petite coupe de champagne ? »

Je pense à toi à Neuchâtel, dans le bus, avec ces lumières blafardes, et la piscine. C'était une piscine d'à peu près 1948 aussi.

Je pense à la chambre que tu avais dans cet appartement de la grand-mère de Coralie ta maman, ton arrière-grand-mère Miette, que tu n'as pas connue ou si peu. Il y avait un grand balcon, on regardait les montagnes, au loin, de l'autre côté du lac.

Je me rappelle cette chambre, on venait t'observer le soir.

Et te regarder le matin.
C'était chouette.
T'étais beau.

11 janvier, 16 heures

J'ai fini de relire *L'Attrape-cœurs*, de Salinger. Je comprends pourquoi tu aimes tellement ce bouquin. Holden, c'est toi. Il y a toujours un bouquin auquel on peut s'identifier, où on peut trouver une fraternité, une correspondance... Celui-là est tellement fort, il est tellement écrit de façon unique qu'on s'identifie tous au personnage plus ou moins. Même quand on a soixante ans, même quand on n'est pas renvoyé de l'école, et même quand on n'a jamais eu de petite sœur.

Mais toi qui avais à peu près l'âge du personnage, qui avais été renvoyé de l'école, qui avais une sœur même si elle était un peu plus grande (Émilie avec qui tu vivais une fraternité quasi fusionnelle), qui buvais un peu de whisky, qui draguais les filles, qui aimais bien traîner, qui ne savais pas exactement où aller, qui courais toujours après quelques dollars même si tu n'en manquais pas, je comprends que tu aies pu te reconnaître dans Holden. C'est vrai qu'il te ressemble, et il parle d'une façon que tu aimais bien. Tu parlais un peu comme ça toi aussi.

Enfin, en tout cas, j'avais l'impression que c'était toi qui parlais quand je lisais ce bouquin.

Je voulais te dire ça avant ma sieste, « et tout ».

Ferdinand et Holden
11 janvier, 16 h 05

... Et puis cette incroyable douceur du personnage, en même temps fallait pas trop l'emmerder.

Mais ce désarroi, cet amour des gens, la façon dont il les aime, dont il les voit (tout ce qu'ils sont), sa façon de repérer, de remarquer tout, de distinguer le vrai du faux, et l'apparence de la vérité, c'est vrai que ça te ressemble.

Putain ce que ça te ressemble.

La même chambre en Suisse,
11 janvier, 16 h 30

Je suis dans la même chambre en Suisse.

C'était trois semaines après. Maintenant, c'est trois mois.

Rien n'a changé.

La place de Syracuse
11 janvier, 17 heures

Je regarde la photo que m'a donnée Nounours, mon copain d'enfance que je n'avais pas vu depuis quarante ans.

Il y a quelques mois j'aurais été troublé par ces jeunes gens, ces si jeunes gens sur cette photo. Que sont-ils devenus ? Il y a Anny Duperey, on sait ce qu'elle est devenue, Serge Fonsolet vend maintenant des fruits sur les marchés, Jacques Le Carpentier fait toujours l'acteur plus ou moins quelque part, et un autre a totalement disparu. Et puis moi.

On mesure le chemin parcouru en fonction du chemin qu'ont parcouru les autres, on prend conscience de la vie qui a passé, de la chance qu'on a eue, des beaux enfants qu'on a eus, de la carrière qu'on a plutôt réussie, des femmes qu'on a rencontrées, de la femme qu'on a rencontrée, et tout ça s'est additionné. Tu te dis, quand tu as dix-sept ans et que la vie est là devant toi : « Comment je serai à soixante ans ? Qu'est-ce qui se sera passé ? » On imagine le meilleur. D'une certaine manière, le meilleur m'a été réservé jusqu'à il y a quelques mois où tout s'est écroulé, tout ce que j'ai accumulé, depuis cet âge, l'adolescence, jusqu'à maintenant, tout ça ne vaut plus grand-chose en regard de ce qui s'est passé, tout ça ne veut plus rien dire, tout ça n'a plus de sens.

Dix-sept ans, c'est l'âge que tu avais quand je suis venu te chercher à Roissy, tu arrivais d'Hawaï où tu avais passé des vacances chez ton oncle, et je t'ai emmené avec moi en Sicile, splendide jeune homme en pleine forme que je voyais jouer sur cette place de Syracuse avec les gamins du coin, au foot, entre deux églises, à Syracuse.

Ça y est, brusquement je suis vieux, très vieux, j'ai l'impression que ma vie a été accomplie. Tout ce que j'ai fait avant n'a servi à rien.

Enfin je suis là.

Je me suis un peu calfeutré, j'ai fermé les rideaux de la chambre, il fait encore jour mais je veux être à l'abri, je veux être tranquille pour te parler.

Je me souviens
11 janvier, 18 heures

Je vais jouer à « Je me souviens ». Tu sais, « Je me souviens », d'après le roman de Perec que Sami Frey avait monté au théâtre.

Alors, je me souviens de toi au ski.

Je me souviens que tu dévalais les pentes tout schuss, les pistes noires. Je me souviens que t'aimais bien tomber, un peu comme moi quand j'étais plus jeune. T'aimais bien t'exploser dans la neige, ça ne te faisait pas peur. Une fois de plus je pense à la réflexion de ta grand-mère : « J'ai toujours tremblé pour Ferdinand. » Moi je tremblais un peu aussi, comme un père se doit de trembler quand il voit son fils dévaler une pente tout schuss, et en même temps je vibrais, ça me faisait vibrer, j'aimais bien voir mon fils un peu téméraire. En tout cas y aller. Parce que tu y allais.

Je me souviens de ton anorak toujours un petit peu mal ficelé, avec la manche retroussée ou la poche mal fermée, ou de ton bonnet tout de travers. Je me souviens, au remonte-pente, quand tu tombais, tu essayais de t'accrocher de toutes tes forces, ça ne marchait pas, tu rouspétais un peu, parfois tu pleurnichais, tu en voulais à la mécanique de ne pas t'avoir attendu, et puis tu remontais et tu dévalais à nouveau tout schuss. T'aimais bien foncer. Au ski, t'étais un fonceur.

Je me souviens aussi, à Avoriaz, on était tous les deux sur le balcon de l'appart'qu'on avait là-bas, ils avaient fait un magnifique feu d'artifice pour les vingt ans de la station. On avait regardé sur le balcon toute la vallée s'embraser, tu avais six ans, tu étais muet, t'avais la bouche ouverte tellement le spectacle était beau, et moi je te regardais regarder, comme d'habitude, comme je te regardais regarder quand on est allés voir les tortues Ninja, tu sais, au cinéma. Pendant une heure et demie, tu avais mangé l'écran, la bouche ouverte, les yeux écarquillés. Tu n'as pas bougé, tu étais dans une immobilité absolue, le temps que les tortues Ninja racontent leurs histoires sur l'écran et je me souviens que je t'avais regardé regardant les tortues Ninja.

J'avais passé une heure et demie de délices.

Je me souviens que, dans l'appartement d'Avoriaz, il y avait deux étages et souvent le soir vous étiez au-dessus, toi et Émilie, nous on était en dessous, et on était en forme, on était bien dans nos corps, dans nos têtes, la montagne était belle, le ski excitant et je montais vous dire « Bonsoir tous les deux », je voyais vos petites bouilles et je me disais que c'était quand même ça qu'on devait appeler le bonheur.

Je me souviens que très vite tu m'as dépassé au ski.

Je me souviens que j'étais fier de ça, que mon fils m'ait dépassé, au ski.

Je me souviens aussi qu'au foot, brusquement tu t'es mis à me marquer des buts, à me dribbler, je me souviens que j'étais content. Je me demandais si c'était toi qui grandissais, ou si c'était moi qui vieillissais...

Je me souviens de nos parties de foot, à Chevreuse. Les deux contre deux, avec des petits buts, ou trois contre trois, ou quatre contre quatre. Des parties qui n'en finissaient plus, où je te trouvais royal. J'aimais bien comment tu te comportais. Tu avais beaucoup d'autorité à l'époque pour tes huit ans. Tu rouspétais quand quelque chose ne te plaisait pas, t'avais ta grosse voix, parce que t'avais une grosse voix quand t'étais petit, et tu engueulais tout le monde, même les grands, en disant : « Mais c'est pas possible, ça ! » Je me souviens que tu étais plutôt bon joueur même si parfois tu faisais la tête, mais par rapport à ce que j'ai vu se pratiquer autour de moi t'étais plutôt bon joueur.

Je me souviens qu'après ces parties de foot dans le jardin, on était exsangues, épuisés, en sueur, on allait directement se plonger dans la piscine et ça, tu aimais bien ça, tu m'en parlais souvent : « On va faire une partie de foot, papa, et après on va aller dans la piscine ! » Alors on plongeait et on recommençait la partie, on faisait une espèce de water-polo. Il fallait se marquer des buts. À grand renfort d'éclaboussures, de claques dans l'eau, de hurlements, de clapotis. De rires.

Je me souviens que tu étais un joueur. Tu aimais bien la compétition, marquer des buts, gagner aussi, mais quand tu perdais ce n'était pas si grave.

Je me souviens de ton style au foot, que je venais souvent te voir avec tes différentes équipes et que je te trouvais très bon. Parfois tu te plantais un peu, mais tu avais des éclairs... je dirais presque de génie. Et puis à d'autres moments, tu restais dans un coin sur l'aile gauche, tu attendais qu'on te passe le ballon. « Tu attendais la suite... » D'autres fois, tu allais le chercher.

Je crois que tu étais estimé dans l'équipe. Une fois, je ne sais pas pourquoi, tu étais dans une équipe où tu ne t'entendais pas très bien avec tes partenaires, tu étais tout petit, et tu m'as dit : « J'ai rien à leur dire, je m'en fous, je fais ma partie, j'ai rien à leur dire ! » Quelque chose s'était passé, quoi, je n'en sais rien. Peut-être que tu ne t'étais pas assez intégré. Mais j'ai bien aimé ta façon de réagir : tu rouspétais, tu leur en voulais sûrement un peu, mais tu as continué, tu voulais t'intégrer. Et tu y es arrivé, je crois.

Sur l'île de Ré, on allait au terrain de foot que la municipalité mettait à la disposition du public, et tous les soirs aux alentours de 6 heures vous faisiez un match. Je me souviens que j'ai joué avec toi, je faisais partie des mêmes équipes.

Je me souviens que tu voulais m'épater.

Je me souviens que moi aussi, je voulais te montrer de quoi j'étais encore capable.

Je me souviens qu'on jouait ensemble et quand je voulais faire une passe, j'essayais de te chercher, toi plutôt qu'un autre.

Je me souviens que toi aussi, tu voulais me faire plaisir, en me mettant dans la situation de jouer ou de marquer.

Je me souviens de ta technique, je trouvais que c'était une très bonne technique, tu avais un peu de retard à l'allumage, tu démarrais plutôt lentement. Mais une fois que tu étais lancé, tu étais lancé.

Je me souviens qu'à l'île de Ré, toujours sur ce même terrain, j'ai voulu faire mon malin, c'était il y a quelques années, et je me suis fait un gros claquage, d'entrée de jeu. C'est la dernière fois que j'ai joué au foot avec toi. Parce que après j'ai eu ce problème de hanche qui m'empêchait de courir, je me contentais d'aller te voir de temps en temps, j'aimais bien, je savais que t'étais au terrain, je prenais mon vélo et j'allais regarder un match avec toi. J'allais admirer ta technique.

Je me souviens aussi que quand tu jouais des matchs plus officiels à Paris ou dans les mini-championnats régionaux, tu n'aimais pas que je vienne te voir, tu n'aimais pas savoir que j'étais là, alors je ne venais pas ou quand je venais je me planquais. Est-ce que ça t'impressionnait ? Est-ce que ça t'empêchait de développer ton jeu ? Peut-être. Moi aussi, quand je joue au théâtre, je n'aime pas tellement savoir que mes proches sont dans la salle. Je n'aimais pas savoir que tu étais dans la salle. Peut-être parce que ça m'impressionnait, moi aussi, d'une certaine façon.

Le vin du Valais
12 janvier, 2 heures du matin

Ce soir je suis légèrement euphorique, c'est peut-être le vin du Valais. Après la représentation, on a dîné dans un restaurant, tu sais, un peu comme on faisait à Neuchâtel. On mange de la fondue, des trucs suisses, avec du bon vin suisse, comme à Neuchâtel.

Je me disais que j'étais content de t'avoir connu. J'étais très heureux de t'avoir connu. Et que tu m'aies connu aussi, enfin qu'on se soit rencontrés, qu'on se soit bien connus, parce qu'on s'est bien connus. J'aurais préféré qu'on se connaisse un peu plus longtemps, mais c'est déjà ça de pris, c'est ce que je me disais ce soir.

Je repense encore à Paul Bowles : « Toutes les choses nous sont comptées. » La vie nous est comptée aussi, la vie est courte, pas éternelle. C'est déjà ça de pris. On a déjà pris ça tous les deux. Tu as déjà pris ça avec la vie, c'est pas mal. Ça pourrait être pire.

Donc, j'étais content. Voilà, je suis content d'avoir passé toutes ces années avec toi, tous ces moments, toutes ces baignades, toutes ces rigolades, ces conneries, ces engueulades, ces bastons. Ces regards, ces chansons. Ces voyages en avion, en bicyclette, en voiture, en ski. Vraiment, ça a été grand. Vraiment.

Tous les gens qu'on a rencontrés. Toutes les pièces où tu venais me voir un peu timide, à la fin, toujours heureux, avec un grand sourire, toujours très « pour ». Et puis quand ça te plaisait un peu moins, tu disais : « Ouais… Non, non, c'est bien, ouais… De toute façon, t'es toujours le plus drôle. » Voilà ce que tu me disais.

Moi, quand j'allais te voir ces derniers temps, au cours d'Eva Saint-Paul ou au théâtre du Proscenium, je ne voulais pas te faire trop de compliments parce que je me disais qu'il fallait t'élever à la dure. En ce qui concerne le théâtre et l'art dramatique, je me disais qu'il fallait être intransigeant.

Mais tu sentais que je t'aimais quand tu étais sur scène.

Donc je suis content de tout ça. Ç'a a été un bon programme. On a bien rempli les cases, on s'est éclatés, et puis c'était tellement poétique, toi t'étais comme une espèce de poète, et moi je suis très sensible à la poésie, très. Donc j'ai bien aimé ce que tu m'as apporté. Tu m'as fait rêver, et tu me fais rêver encore. Parce que je vis le monde avec toi maintenant.

Tu aurais pu être là, tu aurais bien aimé ce petit restaurant aux confins de la Suisse avec du fendant et de la fondue. On va faire ça tous les deux maintenant.

Peut-être encore un peu plus qu'avant.

« *Envoyé spécial* »
12 janvier

Ça va faire trois mois.

Je viens de regarder une émission que j'ai tournée pour « Envoyé spécial », tu sais, pour parler de l'association Ferdinand qui luttera contre la conduite en état alcoolisé chez les jeunes.

Je ne suis pas très content, car selon le reportage, qui était par ailleurs très bon, on peut croire que c'est toi qui conduisais. Alors que non.

On voit ta petite bouille, on voit un extrait de *Travaux*, ils disent que t'étais très doué, très prometteur. Tu souris, t'as un grand sourire.

Ça va faire trois mois.

Je vais attendre, je vais attendre 3 h 19, et là je t'enverrai un petit message sur ton répondeur.

Je ne suis pas très en verve ce soir, je suis un peu crispé parce que les dates d'anniversaire, ça me crispe, je ne sais pas si c'est le bon mot d'ailleurs.

Ça me triste. Ça me crispe pas, ça me triste.

Coup de téléphone
12 janvier, 20 heures

Je ne suis pas très en forme aujourd'hui. Toujours ces petits problèmes d'estomac qui m'atteignent moi aussi.

J'ai fait restaurer et mis sur mini-DV tous les films, toutes les vidéos que j'ai pu récupérer. J'ai commencé à les visionner hier sur le grand écran, dans la chambre, tu sais… Je te vois à Nouméa, je te vois à Tahiti, je te vois à New York, à Los Angeles.

Tu étais vraiment un petit garçon adorable. Je te vois chanter *Le Sud,* de Nino Ferrer, à plusieurs reprises, dans différentes séquences. Tu avais une dent en moins. Tes dents de lait tombaient et tes vraies dents n'avaient pas encore poussé, tu avais la voix grave, un peu éraillée.

Pour le film que je prépare sur toi, j'ai vu Adrienne, que j'ai interviewée pour avoir son témoignage. J'ai vu Mathieu aussi. Il est venu tout de suite parce qu'il avait envie de parler de toi, à sa manière. Faite de beaucoup plus de silences et d'hésitations. C'est pas quelqu'un qui est dans la parole, Mathieu, mais c'était bien qu'il soit là, il avait l'air un peu perdu.

Aujourd'hui, l'homme qui conduisait la voiture qui t'a tué est sorti de prison. Mon avocat m'a dit qu'il avait l'air très affecté, qu'il demandait pardon. On souffre en prison. Mais il ne peut pas souffrir autant que moi, que ta mère, qu'Émilie, que Josiane, qu'Adrienne. Il ne faut pas oublier Adrienne. Adrienne souffre beaucoup. Elle m'a dit hier qu'elle t'aimerait toute sa vie, que tu serais toujours avec elle, toute sa vie.

*

* *

Aujourd'hui, je vais faire un essai, je vais tenter de parler de ce moment crucial où j'ai été réveillé en pleine nuit, tu sais, ce fameux coup de téléphone que les parents redoutent toujours : que les flics appellent en pleine nuit pour annoncer *la* nouvelle.

Je sais pas si je vais y arriver.

À 6 heures du matin, j'étais au fin fond du sommeil, j'avais répété la veille la reprise d'*Une heure et demie de retard*, et je devais jouer le soir même, c'était la première de la tournée ce soir-là… Et à 6 heures, j'entends une voix, c'est Josiane, qui me dit : « Patrick, c'est Coralie ! Elle veut te parler. »

« C'est Coralie ?… Où ? Quoi ? Comment ? »

Ah, c'est Coralie au téléphone ! Mais où je suis ? Ah, je dors. Et quand je dis « Je dors », c'est peu de le dire. Je dormais. Au-delà du profondément.

Je me lève d'une façon automatique en me disant : « Mais qu'est-ce qu'elle me veut ? Qu'est-ce qui se passe ? »

Je m'entends encore dire d'une voix enrouée, pas très avenante :

— Qu'est-ce qu'il y a ?

Elle me dit :

— Patrick, les flics sont venus chez moi, ils m'ont dit que Ferdinand avait eu un accident.

— Ah bon ? Qu... Mais t'es sûre que... quoi ?

Je dormais, je dormais tellement, Ferdinand... Tout ça était totalement brouillé, flou, cotonneux.

— Oui, et ils m'ont donné un numéro de téléphone où j'ai appelé, poursuit Coralie, la fille m'a dit : « Est-ce qu'ils vous ont dit la mauvaise nouvelle ? » J'ai raccroché.

— Quoi ? Quelle nouvelle ? Quelle mauvaise nouvelle ?

— Est-ce que tu peux appeler pour leur demander ce que c'est ?

— Oui, bien sûr. Attends, là... quelle heure il est ? Je suis où ? Qu'est-ce qui t'a... ? Pourquoi... ? Alors donne-moi le numéro.

Silence.

— Non, je veux pas.

— Et pourquoi ?

— Non, je veux pas te donner le numéro.

Un grand silence.

Je dis ça à peu près de mémoire, peut-être je ne restitue pas tout à fait, mais j'écris ce dont je me souviens.

— Mais il faut que tu me le donnes, faut que j'appelle, ou alors appelle toi-même !

Je ne savais pas de quoi on parlait, c'était une conversation relativement anodine pour moi, j'étais dans le brouillard.

Oui, Ferdinand a eu un accident, ben oui, depuis le temps, il est rentré très tard, il a dû un peu boire avec des copains et puis il a eu un accident, bon alors quoi, on va le trouver chez les flics, il a dû faire une connerie, ou il est peut-être à l'hôpital, on va... je ne sais pas... les flics... la mauvaise nouvelle, c'est quoi cette histoire de mauvaise nouvelle ? Ça peut être dix millions de trucs différents, la mauvaise nouvelle ! C'est quoi, une mauvaise nouvelle ? C'est quoi, une putain de mauvaise nouvelle ?

— Non, je veux pas te donner le numéro.

Là, je commence à m'éclaircir les esprits, qui étaient bien embrumés, et, à mi-chemin entre ce qu'on pourrait appeler un semblant de réveil et encore le profond sommeil, je bégaie :

— Il faut que tu me donnes ce téléphone.

Et à ce moment, j'entends Josiane qui entre-temps m'avait pris l'appareil des mains, dire : « Coralie, donne-nous le téléphone. » Et là j'estimais que Josiane était beaucoup plus réveillée que moi, qu'elle avait percuté au quart de tour, je voyais que son œil était brillant, inquiet, éveillé.

J'ai repris le téléphone : « Attends, Coralie, il a peut-être besoin de nous. Il a peut-être besoin de notre aide. Il a peut-être besoin qu'on l'aide. »

Après un long silence, ta mère me dit : « 40... 53... » etc. Le numéro.

Je lui dis : « Je te tiens au courant », et je raccroche.

Et là, je commence à prendre conscience que je vais donner un coup de téléphone qui va probablement être le plus important de ma vie.

Peu à peu, mon esprit totalement au ralenti commence à prendre une vitesse non pas ordinaire mais qui pourrait ressembler à celle de quelqu'un qui se réveille, qui se réveille mais qui commence à être très légèrement choqué alors qu'il ne sait rien encore. Je me souviens que pour faire le numéro de téléphone, mon pouce tremblait. Je crois même que je m'y suis repris à trois fois, je n'arrivais pas à bien appuyer sur les touches.

Et ce pouce qui tremblait m'a énormément inquiété. Je me disais : « Mais pourquoi je tremble ? »

La réponse m'est venue en même temps que je posais la question. Pourquoi ? Parce que les flics ont dit que tu as eu un accident et qu'il y a une mauvaise nouvelle à apprendre. Que ta mère ne veut pas écouter. Voilà pourquoi.

J'ai laissé Josiane dans le salon et, sans tout à fait m'en rendre compte – c'est elle qui m'en a parlé après –, je me suis isolé dans la chambre, pour écouter cette possible nouvelle, dont mon pouce tremblant n'arrêtait pas de me confirmer qu'elle pouvait être très mauvaise.

— Police centrale des accidents, j'écoute.

— Bonjour, je suis Patrick Chesnais, je suis le papa de Ferdinand Chesnais.

— Ah oui.

Tout de suite on m'a dit : « Oui monsieur, attendez une seconde, je vous passe quelqu'un. »

Et le fait que j'étais attendu, que mon coup de téléphone était attendu ne me disait rien qui vaille.

Et puis après quelques instants, évidemment, comme on dit dans les romans, qui m'ont paru des siècles, une autre voix féminine m'a dit :

— Monsieur Chesnais ? Vous êtes le papa de Ferdinand Chesnais ?

— Oui.

— Alors voilà… le véhicule…

Et elle se lance dans un long exposé administratif.

« Le véhicule Golf machin a été victime d'un accident sur le Périphérique entre la porte d'Auteuil et la porte de Saint-Cloud, les services de secours et de police sont arrivés sur place aux alentours de 3 heures, de 3 h 24, etc. » Toute une très longue phrase pleine de détails administratifs qui se terminait par : « Votre fils est décédé. »

Josiane m'a dit qu'elle n'avait pas entendu de hurlement ni de sanglot. Simplement un long gémissement, assez doux, pas très fort, mais un long gémissement.

Quelque chose me retenait encore dans l'ancien monde, celui d'avant, celui où Ferdinand était vivant. Pas dans cet exécrable roman où on apprend à un père que son fils vient de mourir, en pleine nuit.

Non.

Très gentiment, très poliment, j'ai dit : « Qu'est-ce qu'il faut faire ? » comme si le fait d'être très poli et plein de bonne volonté pouvait amadouer la préposée et lui faire revoir son diagnostic à la baisse.

Elle m'a demandé mon numéro… On allait me rappeler… il faudrait que je passe, que ceci, que cela, tout un tas d'informations pratiques, d'une voix très calme, très douce, très gentille. J'ai pensé que les fonctionnaires devaient être sélectionnés.

Je me suis habillé très vite. Je n'ai rien avalé, j'étais incapable d'avaler quoi que ce soit, même un verre d'eau. J'ai commandé un taxi, je n'avais pas ma voiture, mais de toute façon j'aurais pris un taxi. Josiane m'a accompagné jusque chez Coralie : « Écoute, je reste dans le taxi. Si ça ne va pas, si tu as besoin de quoi que ce soit, je reste jusqu'à ce que tu me dises que je peux partir. »

Dans le taxi, on a parlé. Je ne me rappelle plus avoir pleuré, mais je sentais les larmes qui dégoulinaient de ma paupière. Je ne sais plus ce qu'on s'est dit. Je me souviens que le chauffeur du taxi était très à l'écoute, très amical.

Arrivé devant chez Coralie, je ne me rappelais plus le code, et je n'avais plus son numéro de téléphone en mémoire parce que j'avais changé de carte Sim. C'est Josiane qui me l'a communiqué. J'ai appelé ta mère qui m'a donné le code. Après deux-trois tentatives infructueuses, parce qu'il faisait nuit et je te dis, je dormais, je dormais encore, tout ça ne suffisait pas à me réveiller, ou alors, je voulais rester dormir toujours, je ne sais pas, quelque chose comme ça.

Je suis rentré dans l'« allée Verte ». Tu sais, cette allée Verte qui était tellement agréable, que tu avais tellement arpentée. J'ai frappé à la porte, et je l'ai poussée. Ta mère était dans le salon, elle était assise sur le canapé tout au fond du salon et j'ai vu qu'elle me regardait. J'ai vu dans son œil qu'elle n'attendait pas grand-chose de moi, qu'elle savait probablement déjà, qu'elle avait deviné, qu'elle avait compris, que la mauvaise nouvelle pour elle était la Mauvaise Nouvelle.

Mais l'intensité de son regard m'a fait comprendre que j'allais prononcer un mot qui allait la délivrer.

J'ai traversé ce très long salon, tout en longueur. Elle me regardait intensément. Je l'ai prise dans mes bras, pour la première fois depuis des années et des années, je l'ai serrée contre moi, je me suis assis puisqu'elle était assise, je l'ai serrée très fort, on était joue contre joue, et tout doucement je lui ai dit : « Il est mort. »

Elle en avait définitivement la confirmation.

On est restés dans les bras l'un de l'autre un long moment sans parler. Elle ne pleurait pas. Moi si. Je sentais les larmes couler doucement.

Et puis est arrivée Séverine, la voisine et amie de toujours de ta maman, tu sais. Qui était déjà plus ou moins réveillée et savait que quelque chose se passait d'important, pour toi, et pour nous tous aussi.

Mais surtout pour toi.

Elle m'a interrogé du regard.

Je lui ai dit :

« Non. Il est mort. »

C'était la deuxième fois que je m'entendais dire « Il est mort. »

Non. La troisième fois. La première, c'était avec Josiane, après ce long gémissement. J'étais revenu dans le salon, où elle se trouvait, elle aussi me traquait du regard.

Je lui ai dit : « Il est mort. »

Pourquoi cette phrase ? Pourquoi pas « C'est fini, il est parti », ou « On le verra plus » ?

Pourquoi « Il est mort » ?

Parce que t'étais mort, Ferdinand.

Ce soir, je suis allé au cinéma pour la première fois depuis longtemps, en tout cas depuis le 13 octobre.

Je suis allé voir *Babel*, d'un de tes metteurs en scène préférés, Iñárritu. C'était très beau, c'est un super film.

J'y suis allé en pensant à toi. C'était ce film-là que je voulais voir, pas un autre. Parce que je sais combien tu admirais ce metteur en scène. Tu avais adoré *Amours chiennes* et aussi *21 grammes* (le poids de l'âme). Tu l'avais vu le lundi, et le mardi tu nous avais emmenés le revoir avec toi. Tu étais enthousiaste sur ce film. Il t'avait complètement explosé. Je me souviens, pendant la projection, tu regardais mes réactions, tu guettais si mon plaisir était à la hauteur du tien. Je dois reconnaître que pas tout à fait. Ce soir, tu aurais été content. T'aurais été content de ce film. Je suis sûr que tu l'aurais trouvé génial.

Je pensais à toi. Beaucoup.

Il y est question de la mort.

Ça s'appelle *Babel*.

Je pense que ça veut dire que toute l'humanité est reliée, malgré ses différences ethniques, sociales, géographiques. C'est un grand film fraternel. En plus, il y a de l'action, de la bagarre comme tu dirais. Je pense que ça t'aurait plu. Enfin j'en suis sûr. Moi ça m'a beaucoup plu.

J'ai regretté que tu ne sois pas là, à mes côtés, pour que je puisse guetter tes réactions.

Des messages pour Ferdinand
13 janvier

Voilà Ferdinand, il est presque 3 h 19. On est le samedi 13 janvier, tu es parti il y a trois mois, à 3 h 19. Ça fait donc trois mois que tu n'as pas donné de tes nouvelles. Je vais essayer de te joindre quand même, je vais te laisser un message.

Orange m'informe que le numéro demandé n'est pas attribué, ça a dû être coupé. On ne peut plus te laisser de messages. Je crois que c'est la loi. Mais il nous reste d'autres moyens de t'en faire parvenir. Ce que je suis en train d'écrire par exemple, ou d'autres moyens encore. Plein.

Je t'embrasse mon grand, je vais aller me coucher. Parce que tous les 13 de chaque mois, j'attendrai 3 h 19 pour aller me coucher.

Là c'est bon, il est 3 h 20, je vais pouvoir dormir. Enfin, dormir… tu vois ce que je veux dire.

Pour que tu vives quelques années de plus
15 janvier

J'ai eu des rendez-vous professionnels avec des producteurs, puis des essayages de perruques pour un film, j'ai rencontré un metteur en scène, la vie continue, sans toi. Personne, parmi ces gens-là en tout cas, n'a l'air de s'en apercevoir, je sais qu'au fond d'eux-mêmes ils le savent, mais on n'en parle pas, oui, la vie continue.

Ta mère est allée aux Indes pendant trois semaines. Elle rentre demain, elle m'a envoyé un texto en me disant qu'elle craignait le retour. J'imagine qu'un voyage aux Indes, ça doit passablement changer les idées. Là, elle va revenir. Retrouver sa maison, ta chambre, ta tombe au cimetière, tous les gens autour qui t'aiment et qui souffrent, toujours, bien sûr, toujours autant. Émilie, qui ne reste pas en Angleterre, moi, Josiane, tous tes copains, tous tes amis, tous nos amis.

Je ne sais plus quoi dire, je ne sais plus par où commencer, ou par où continuer. Commencer par l'enterrement, la der des der ? Ou alors notre dernier dîner ensemble la veille de ta mort. Ou alors quand je t'ai vu jouer pour la dernière fois. Ou alors commencer par le témoignage de tous tes copains, tes amis, toutes tes amours.

Ou alors aller me coucher et essayer de rêver de toi.

On m'a beaucoup sollicité dans les médias. Est-ce que ça te plairait qu'on parle de toi dans les médias ? Je crois que c'est bien, je ne suis pas sûr. Je me sens possédé par quelque chose, l'envie que tu sois toujours là, que les gens te découvrent, te connaissent.

Je voudrais te donner quelques années de plus, comme disait Bernard Murat le soir de ton enterrement. Bernard Murat, tu connais, on avait dîné avec lui une fois. C'est un metteur en scène avec qui je travaille beaucoup. Il a dit une chose qui m'a beaucoup touché, il m'a dit : « Avec l'enterrement qu'il a eu aujourd'hui, et la soirée après, il a vécu quelques années de plus. »

Voilà, c'est peut-être ça. En écrivant ce bouquin, en parlant de toi, en t'évoquant, j'espère que tu vivras quelques années de plus, d'une autre façon.

Je sais bien que…

Enfin je fais ce que je peux.

La première fête
Biarritz, 16 janvier

Je suis dans le même hôtel qu'il y a deux ans, j'étais venu en tournée avec *L'Invité*. Un bel hôtel Art déco. La chambre n'est pas très grande mais j'ai un balcon qui donne sur la mer, sur la mer très tumultueuse, il y a de grandes vagues, les plus grandes d'Europe paraît-il, il y a des surfeurs, il y a aussi des mecs en rollers.

Je suis allé faire un tour, et j'ai vu plein de mecs qui faisaient du surf, certains se levaient sur la planche, d'autres restaient couchés. Toi, à l'île de Ré, où il y a pas mal de vagues aussi, et de surfeurs, tu restais couché sur la planche mais tu y allais. Tu étais intrépide comme garçon. Tu y allais franco, tu nageais au loin, là, dans les grandes vagues et puis tu revenais. Intrépide.

À Hawaï aussi, évidemment, c'est la Mecque du surf, tu ne pouvais pas ne pas en faire. Il paraît que tu te débrouillais bien, en tout cas tu n'avais pas froid aux yeux. Le surf, les vagues… Ça te convenait bien, ces deux éléments ensemble.

Là, je pense à la mort. Je pense que je… je n'ai plus peur de la mort. Ça va, elle m'a bien niqué une fois avec toi, alors évidemment ce n'est pas tombé sur moi, c'est tombé sur toi, mais c'est pareil. Enfin non, c'est pas pareil, j'aurais préféré que ça tombe sur moi, tu vois. Ç'aurait été plus dans l'ordre des choses. Elle m'a bien niqué, là. Avant j'avais peur d'elle, je tremblais quand j'avais un petit bouton, un peu mal dans le dos, l'estomac vacillant, tout de suite j'allais faire des analyses, des prises de sang, des dopplers. D'ailleurs j'avais pris rendez-vous pour un doppler avant le 13 octobre et je n'y suis pas allé parce que maintenant je m'en fous. Je suis très tranquille avec la mort. Je n'ai plus peur. Je sais bien qu'un jour elle va me niquer aussi mais elle ne me fera plus peur. Elle ne me fera plus trembler. La mort ne me fait plus trembler.

Ou plutôt elle me fait trembler depuis presque trois mois et demi mais pas de peur. Elle me fait trembler de rage. Je sais bien qu'elle m'aura, la salope, mais je n'ai plus peur d'elle. Elle peut crever.

Quand je vois la mer, là, les vagues, les grosses vagues comme à la Conche, je pense à l'île de Ré l'hiver, je pense à ce 31 décembre où j'étais allé te récupérer à une fête.

Vous aviez passé le début du réveillon avec nous et puis vers 11 h 30, avec Émilie, vous m'aviez demandé si vous pouviez sortir avec des copains. La municipalité vous avait prêté une salle municipale pour l'événement. C'était le 31 décembre, t'étais tout jeune, t'avais quatorze ans, Émilie seize. J'ai dit : « D'accord, mais on se retrouve à minuit pour se souhaiter la bonne année. » À minuit, rien. À minuit cinq, j'appelle. Rien.

On était invités à Ars-en-Ré à terminer la fête chez des amis et je me suis arrêté devant la salle municipale. J'ai senti un remue-ménage. Quelque chose qui ressemblait à : « Attention, v'là son père ! » Émilie est venue vers moi et m'a dit : « Qu'est-ce que tu fais là, papa ? – Je viens vous embrasser, vous souhaiter la bonne année. Il est où Ferdinand ? – Ça va, là, Ferdinand il s'amuse, laisse-nous tranquilles, on est entre jeunes ! »

Ça sentait l'embrouille… J'ai monté les quelques marches qui me séparaient de la porte de la salle. On a essayé de m'empêcher d'entrer. Mais là, il aurait fallu être très costaud. J'ai donné un coup de coude dans la porte, je ne t'ai pas aperçu, j'ai vu un groupe penché au-dessus d'un canapé, « Oh, là là ! », qui poussait des exclamations. Je les ai écartés, et je t'ai vu. T'étais ivre mort. Enfin tu étais surtout ivre, t'étais pas mort encore. Je t'ai soulevé, je t'ai dit : « Ferdinand, ça va ? – Ouais ouais… »

Tu avais bu une demi-bouteille ou un quart de bouteille de tequila, c'était un pari à la con, et toi, tu ne te dérobais jamais devant les paris à la con, tu étais suffisamment con pour ça. J'avais beau te dire : « Celui qui a des couilles, celui qu'on respecte, celui dont on se souvient, c'est celui qui dit non », toi tu fonçais, comme tu fonçais en surf dans les vagues ou en ski, plus haut et plus fort que les autres.

Le jeu débile, c'était : le premier qui termine la bouteille ou la demi-bouteille de tequila a de le droit de dire : « OM enculés ! » et, pour l'autre camp, le camp de l'OM : « PSG enculés ! » Tu vois un peu le niveau. Toi, comme un petit con de Parisien défenseur du PSG, tu ne t'es pas dégonflé. Tu t'es sifflé la demi-bouteille de tequila. Mais à quatorze ans, tu n'avais pas franchement l'habitude… Quand je dis une demi-bouteille, peut-être que j'exagère, mais enfin tu en avais bu « un bon peu », comme on dit en Normandie.

Je t'ai soulevé, je t'ai extirpé, je t'ai installé dans la voiture, sur la banquette arrière, tu « borborygmais » comme un poivrot. À quatorze ans… Je t'ai fait vomir. T'avais l'air d'un vieux pochtron. Arrivé à la maison, je t'ai pris par les épaules, on a monté les escaliers jusqu'à ta chambre, là je t'ai bordé, je savais qu'il fallait du chaud. Contrairement à ce qu'on croit quand on a beaucoup bu, qu'on est un petit organisme encore fragile, il faut du chaud. Je t'ai recouvert de bonnes couettes, j'ai bien mis le chauffage à donf.

Et tu t'es endormi. Tu t'es endormi. Ivre. Soûl. T'avais une tête d'enfant, une tête de bébé, c'était un bébé soûl que j'avais devant moi. Je t'ai pris la main, je tâtais ton pouls, il battait à peu près normalement. Je t'ai regardé. Tu ronflais. Tu cuvais, mon grand. Quatorze ans… Tout ça pour un pari à la con, tout ça pour défendre tes couleurs.

« Celui qui sait dire non, c'est celui-là le plus fort. C'est celui-là qu'on respecte. » T'étais d'accord avec ça. Tu le savais.

On m'a raconté que souvent, quand les gens conduisaient un peu pétés, tu leur disais : « Non, faut pas conduire quand on a bu ! » quitte à passer pour un peu ringard, un peu ridicule. J'aime bien qu'on ait dit ça de toi. C'est peut-être parce que je te l'avais dit, dit et répété. C'est comme ce vieux geste que je vous avais inculqué, tout jeunes : quand il faisait chaud, que vous rentriez dans une piscine ou dans la mer, il fallait absolument vous mouiller la nuque ou les poignets avant, pour empêcher l'hydrocution. J'étais très sensible à ça, très sensible au danger de l'hydrocution, je ne sais pas pourquoi. Enfin si, je sais. Parce que le fils d'un ami, Jacques Lassalle, en était mort à vingt ans. À vingt ans comme toi. Il s'appelait Christophe. Cette histoire m'avait marqué. Et très longtemps, encore cet été, quand vous rentriez dans la piscine de l'Excelsior ou dans la mer, je vous voyais, toi et ta sœur, vous mouiller la nuque et les poignets, une espèce de geste machinal, automatique. J'aimais bien ça. Je me disais : « Bon, finalement, il y a des choses que je leur ai inculquées quand même, quelques petites choses que je leur ai dites et dont ils se souviennent. »

Ainsi des dangers de l'alcool. J'ai essayé de vous en dégoûter. Vous n'étiez pas alcooliques mais vous aimiez bien faire la fête. Ce soir-là, à quatorze ans, c'est la première et la dernière fois que tu t'es pochtronné à ce point-là, tu n'avais pas l'habitude, tu ne savais pas. Et puis, ça le valait bien, tu avais pu dire « OM enculés » plutôt que d'entendre salir ton drapeau.

J'avais confiance en toi, je pensais que toute ta vie tu te mouillerais la nuque avant d'entreprendre quoi que ce soit.

Vingt ans de ta vie
Biarritz, 17 janvier

Je suis en train de créer l'association Ferdinand, donc. On va passer dans des émissions, on va essayer de faire des clips.

Tu n'étais pas alcoolique. Comme beaucoup de jeunes, tu te faisais des défonces. Mais en dehors des soirées tu ne buvais que de l'eau, tu avais abandonné le Coca parce que ça te faisait mal à l'estomac. De temps en temps, l'été, en vacances, tu buvais un ou deux verres de vin blanc avec moi, mais très souvent c'était de l'eau.

Tu réservais l'alcool pour les défonces entre copains, c'est votre façon de fonctionner maintenant, vous les jeunes, vous vous chauffez en buvant de l'alcool, vous allez retrouver vos copains, vous buvez encore de l'alcool, vous sortez dans des boîtes, des soirées, et là vous continuez. Et il n'y a pas de limites. C'est la nouvelle donne. C'est comme ça, et je comprends, moi je suis un peu comme ça, même à mon âge… Mais moi je me donne des limites. Je dois être sérieux, je suis un père, j'ai une carrière, j'ai des responsabilités.

Toi tu n'en avais pas trop, des responsabilités. Tu n'étais pas un homme à responsabilités. Même si tu avais beaucoup de projets. Tu étais encore un enfant, léger, je ne dirais pas irresponsable mais insouciant. Heureusement que tu étais insouciant. Même si tu avais quelques soucis. Ça, on en a déjà parlé.

Je suis en train de raconter ta vie, ça va être une entreprise de longue haleine ou peut-être ça va être très court. Comme ta vie. Qui n'a pas été très longue.

« Éphémère ». Avant, à chaque fois que j'entendais ce mot ou qu'on me parlait de ta vie courte, je pleurais. Maintenant je serre les poings et les mâchoires.

Comme m'a dit hier Sophie, tu sais, la petite Sophie de l'île de Ré : « C'est injuste, c'est trop injuste », avec des larmes dans la voix.

Ce qui revient souvent dans la bouche des gens quand ils parlent de toi, c'est « Surtout lui ». Pourquoi « Surtout lui » ? Pourquoi lui plus qu'un autre jeune homme de vingt ans ? Comme on a dit à l'enterrement, tu avais ce don d'embellir la vie partout où tu apparaissais mais la vie est ingrate. La vie est dégueulasse. Toi tu aimais la vie et voilà ce qu'elle a fait de toi : un jeune macchabée de vingt ans...

Je me rappelle ce matin où on est allés te voir pour la dernière fois à la morgue, à « l'Institut médico-légal » pour faire administratif.

Donc à la morgue. C'était huit ou dix jours après ton décès, tu n'étais plus le même, ils t'avaient un peu rafistolé, ils t'avaient arrangé, avaient fait ta toilette.

On était entrés dans cette salle, et déjà ce n'était plus toi, même si c'était encore un tout petit peu toi, et on s'accrochait à ça, on essayait de te reconnaître tel que tu étais, ton front était dur, c'était comme du bois. Ton visage avait changé. Il n'était plus comme au premier jour, calme, détendu comme si tu dormais : il était ailleurs. Tu étais déjà parti ailleurs...

Ta mère a demandé à rester toute seule avec toi un long moment.

Elle a mis un certain nombre d'objets dans ton cercueil.

Moi, je n'avais rien. Ça m'était complètement sorti de la tête, cette histoire d'objets dans le cercueil pour t'accompagner. J'ai même fouillé machinalement dans mes poches pour voir si je trouvais quelque chose, je ne sais pas quoi. Une paire de lunettes cassée ? Un porte-clefs ? De l'argent ?

Quoi donc ? Ma casquette ?

Non. J'ai renoncé.

Et puis Darmanan, le fils de Saïra ta nounou mauricienne, est arrivé lui aussi. Il t'avait donné longtemps des cours particuliers de maths. Il t'a regardé, il avait *L'Équipe*. Il voulait mettre *L'Équipe* à côté de toi. Et moi, je ne sais pas pourquoi, je n'avais pas envie qu'il mette *L'Équipe*. Je trouvais que ce n'était pas à la hauteur. En tout cas il n'aurait pas fallu mettre n'importe quelle *Équipe*. Pas *L'Équipe* du jour ou de la veille, *L'Équipe* de la finale de la Coupe du monde par exemple, ça, ç'aurait peut-être eu un sens. Mais après coup, c'est idiot, j'aurais dû lui laisser mettre *L'Équipe*. D'ailleurs je ne l'ai pas empêché. Qu'est-ce qu'on pouvait empêcher dans cet endroit totalement… totalement hors du temps, hors de tout, hors de la vie, hors de l'entendement, cet endroit de chaos, de mort, de formol, de désolation ? Peut-être ton prof a-t-il senti qu'il ne fallait pas. Il ne l'a pas mis.

J'ai regardé ta mère se pencher sur toi, te prendre la main, te toucher le front, te parler. Longuement, doucement.

Ta sœur Émilie était là jusqu'au bout.

Et puis à un moment il a fallu nous séparer, mon grand. Définitivement cette fois. Voir pour la dernière fois ta frimousse qui n'était plus tout à fait la tienne, mais qui était ta frimousse malgré tout, avant qu'on referme le cercueil.

Ta mère était toujours penchée sur toi. Je me suis aussi penché en passant au-dessus d'elle quasiment, dans une espèce de gymnastique étrange, et je t'ai embrassé sur le front. Qu'est-ce que c'était dur et froid ! Mais ça ne fait rien, c'était encore toi.

Je me suis mis à sangloter. Mes dernières paroles ont été, avant qu'on referme ce putain de couvercle : « Je t'aimais, je t'aimais tellement, mon grand ! »

Là-dessus, on s'est levés, ta mère et moi. Mes larmes dégoulinaient toujours. Je voulais me retenir, je ne sais pas pourquoi je voulais me retenir d'ailleurs, pourquoi est-ce que je me serais retenu ? Mais je voulais me retenir quand même. Les larmes peut-être, mais pas éclater en sanglots.

Voilà, on a fermé le couvercle.

On est partis.

Fin.

Je me souviens de tes dix ans.

Pour cet anniversaire, on était allés au parc Astérix, c'était une surprise, j'avais loué un bus avec tous tes copains et ta famille. On est arrivés au parc Astérix, on a fait la totale, on a mangé entre Obélix et Astérix et le druide et je ne sais plus qui, enfin toute la bande.

Et puis après, toujours la surprise, on est allés voir un match du Paris Saint-Germain… contre Metz peut-être. C'était sûrement Metz, puisque tu avais déjà repéré Pirès, qui jouait à Metz à l'époque. On se rapprochait du stade, tu n'as pas réalisé tout de suite de quoi il s'agissait, et puis à un moment tu as compris, à proximité du Parc des Princes : les clameurs, les hurlements, les applaudissements, les sifflets.

Tes dix ans.

On était invités dans la tribune présidentielle. Après le match, il y avait un cocktail, on a pris une coupe de champagne, ta mère et moi, je t'ai présenté aux joueurs et puis tu es allé dans les vestiaires avec eux.

Tu avais vu l'équipe du Paris Saint-Germain triomphant à l'époque. C'était il y a dix ans. Ils étaient excellents, c'étaient des stars. Ça marchait pour eux. Ils t'ont tous fait une dédicace.

Après on a foncé voir la fin du concert de Murray Head. Depuis ce jour-là, tu écoutais *Say it ain't so,* qu'il a chanté à ton enterrement, au cimetière, magnifiquement. *Dis-moi que ce n'est pas vrai...* Il l'a chanté dans les étoiles. Il l'a chanté pour le ciel, pour le cosmos, pour ton âme qui je pense, d'après lui, devait déjà être partie.

Toute ma vie je verrai Murray Head chantant *Say it ain't so* devant ton cercueil.

De Murray Head à Murray Head.

Dix ans.

Je t'embrasse, mon grand.

Un jeune homme en rollers
Biarritz, 17 janvier

Il fait encore un peu jour mais la nuit commence à tomber sur Biarritz, je vois les rouleaux de l'Atlantique là-bas, devant moi, depuis cette chambre Art déco. Je regarde les rouleaux de l'Atlantique.

Il y a aussi un jeune homme qui fait du roller, juste devant, sur la promenade.

Et je me dis que c'est toi. Il a les cheveux mi-longs. Il est grand, il est mince.

Il y a l'Atlantique juste derrière.

Je me dis que c'est toi.

C'était le bon temps.

« S'amuser »
Biarritz, 18 janvier

Qu'est-ce qu'on se serait encore amusés tous les deux ! Toutes ces années qui nous restaient à vivre ensemble... Moi, je ne sais pas jusqu'à quand, et toi, normalement, beaucoup plus longtemps.

On se serait amusés, quoi.

C'est ça que je regrette aussi, on ne va plus pouvoir s'amuser. Enfin moi, je vais m'amuser moins. Je vais m'amuser parce que je vais faire semblant, mais le vrai amusement, c'était avec toi.

C'était profond, c'était naturel, c'était la vie, on ne cherchait pas à s'amuser à tout prix mais on s'amusait. C'était amusant d'être ensemble. On se serait fendu la gueule, mon grand. De plus en plus. Tu serais devenu un peu plus mûr et moi je serais toujours resté un peu gamin.

Maintenant que t'es plus là, je sens que ça va être moins rigolo.

Mais si tu avais été là ! On se serait vraiment amusés. Sans forcément rire. Sans forcément faire les cons. Mais ç'aurait été distrayant, léger, en phase, sur un geste, un regard, une mimique, des trucs très sympas qu'on connaît, tu vois, qui font que la vie vaut la peine d'être vécue avec les autres. Vaut la peine qu'on se rencontre.

Donc, je suis dans ma chambre, là. À Biarritz. Le casino est ouvert. Il y a la mer que je vois parce qu'il y a des projecteurs braqués dessus. Je me dis : « Tiens… j'aurais bien aimé être là avec toi. »

Je me rappelle, on était allés à Deauville une fois, dans un palace, comme ça, avec la mer devant nous, au Normandy. Et je me disais : « Tiens, quand est-ce que je le ramènerai au Normandy ? »

Et puis ça ne s'est jamais fait. Les choses nous sont comptées. On a l'impression qu'on a tout le temps pour retourner au Normandy, mais la vie va tellement vite, on a tellement de trucs à faire ! Des rendez-vous de toute sorte. Avec le travail, avec les filles, avec les parents, avec les impôts, avec les médecins, et on n'arrive pas à dégoter un putain de week-end ou même une soirée à Deauville.

Moi, ce que je voudrais, c'est essayer de trouver une façon de m'amuser encore avec toi, même si tu habites Montparnasse, maintenant.

Comment faire ?

Quand je pensais à toi, c'était toujours avec amusement. Le prends pas mal, quand je dis « amusement », c'est pas que je me moque. Je ne m'amuse pas pour rien. Il m'en faut beaucoup pour m'amuser, j'ai une façon très particulière, très spéciale de m'amuser. J'aimais bien ce monde qu'il y avait en toi, je me sentais bien là-dedans. J'aimais bien ce que tu irradiais à trois mètres, dix mètres ou même cinquante mètres. Quand on te voyait au loin sur la plage, ou sur un trottoir de l'autre côté de la rue, ou très loin de l'autre côté du trottoir, on voyait ta grande dégaine, on savait que de toute façon ça allait être amusant, c'était amusant de te voir te rapprocher.

Ce que je voulais dire pour simplifier, c'est que je me suis beaucoup amusé avec toi et je pense que toi aussi tu t'es amusé avec moi, et tout ça. Et que là, je vais être un petit peu tout seul pour m'amuser mais je vais essayer quand même, je vais essayer de rigoler avec toi.

Parce que qu'est-ce que tu m'as fait rire quand même...

Romane...
Biarritz, 18 janvier

On est le 18 janvier, il fait doux, on a l'impression d'être au printemps.

Je pense à un truc : je crois que Romane Bohringer, elle te voulait. Elle m'a dit « Je vais attendre encore un ou deux ans », parce que, quand elle t'a rencontré à l'île de Ré, tu avais quatorze ou quinze ans, elle trouvait que c'était un peu jeune, ça faisait un peu détournement de mineur par rapport à nous les parents. Ça aurait eu l'air de quoi ?

Je pense qu'elle voulait te dévergonder, une espèce de truc entre vous. Et quand tu as senti ça, parce que tu l'as senti, tu étais tout fier, parce qu'en plus c'était Romane Bohringer, tu étais fier et intimidé en même temps, mais quand même ça faisait du bien.

Tu étais un grand dadais qui souriait finement, en te rendant compte de tout ça, combien les filles voulaient te sauter.

Tu souriais finement parce que tu te la jouais cool, en même temps, tu n'étais peut-être pas tout à fait rassuré, je ne sais pas. Je me le demande... Et pourtant, tu avais du succès, putain. C'est un avantage des physiques royaux comme le tien. Quand tu te mettais à parler ce n'était pas mal non plus, et à déconner je n'en parle même pas.

Enfin, ça roulait, quoi.

Respect.

Une vraie histoire d'amour

Ton histoire d'amour, c'est Adrienne. Ta vraie histoire. Ton histoire.

Ça a rempli au moins deux ans de ta vie, de jeune homme, de jeune amoureux. Ça a été ta grande expérience.

C'était fort, passionné, passionnel, m'a dit Adrienne.

Parfois ça bardait, t'en avais un peu marre, parfois c'était elle je crois. L'amour passionnel chez les jeunes gens qui découvrent tout ça.

Et puis l'humour. L'humour toujours, toujours en situation, l'humour fin, intelligent, tout le temps, à chaque moment, me disait Adrienne. « Celui avec qui on ne s'ennuyait jamais », répétait-elle.

« Irréprochable »
18 janvier

On me dit : « Vous avez perdu votre fils. »

Je ne t'ai pas perdu.

T'es mort, c'est tout.

Mais t'es pas perdu.

T'es perdu pour personne.

Surtout pas pour moi.

Je vais à la recherche de toi, là. J'aime bien te rechercher, c'est plus qu'un but dans la vie, c'est un but dans la mort.

Parce que dans dix ans, qu'est-ce qui va se passer ? Qu'est-ce que je serai dans dix ans ? J'aurai soixante-dix ans, si je suis toujours là. Ta mère en aura soixante. Josiane entre soixante et soixante-dix. Émilie, trente-deux. Qu'est-ce qu'elle aura fait ? Elle aura des enfants, elle sera mariée, elle aura tourné des films. Sa carrière aura pris une amplitude, ou pas, je n'en sais rien.

Ces dix ans-là que tu n'auras pas vécus, qu'est-ce que tu en aurais fait ?

Il me semble que tu étais plutôt bien parti mais on sait jamais. Peut-être que t'aurais été malheureux, peut-être que tes douleurs d'estomac auraient été insupportables, peut-être que t'aurais sombré, peut-être que t'aurais glandé, galéré, peut-être que tu aurais été à chier. Peut-être que ça aurait été une catastrophe, l'avenir que tu n'as pas eu.

Peut-être que c'est aussi bien comme ça.

C'est ce que je me dis. En même temps je suis sûr du contraire mais c'est ce que je me dis ce soir. Peut-être que tu n'étais pas fait pour ce temps de vie.

Tu as été irréprochable. Je trouve que c'est génial ce que tu as fait jusqu'ici. Tu n'étais pas un premier de la classe, ça c'est sûr. Mais t'étais dans la vie, dans la vraie vie.

Ta jeune vie…

Après, qu'est-ce qui se serait passé ? Peut-être que t'aurais eu une vie de merde, et que c'est aussi bien que ça se soit arrêté là. Au summum… Au pinacle. Au faîte de la gloire, comme les grands champions qui ne font pas le combat de trop.

Peut-être que le combat de la vie qui te restait à vivre, ça n'aurait pas été pour toi. C'est ce que je me dis.

Ce soir.

Parler de toi

Aix-en-Provence, 19 janvier

Aujourd'hui, je suis à Aix-en-Provence, dans la même chambre, c'est la troisième fois depuis que tu es mort que je suis dans cette chambre.

La première fois, c'était le 5 novembre, à peu près trois semaines après ta mort. Je devais rendre un article pour *Paris Match*, et des gens, après la lecture, m'ont dit qu'ils auraient aimé te connaître.

Il fallait que je rende l'article le lendemain soir, c'était encore tout neuf, cette histoire de disparition de Ferdinand. De mon fils. C'était un exercice périlleux, avec surtout la peur terrible de ne pas bien y arriver. J'étais tenaillé par le chagrin et par la peur.

Cette chambre est encore baignée de tout ça, tu vois.

Je voulais absolument qu'il y ait une photo de toi avec ta mère et ta mère était partie en Italie. Elle était à Naples, ta mère. Elle avait voulu aller à Naples dont, j'imagine, tu lui avais beaucoup parlé. Donc elle est retournée à Naples pour faire le parcours. Je lui ai indiqué les endroits où on était allés. Elle a mis les pas dans les pas, elle est même allée à Capri, je crois que c'était un voyage initiatique pour elle, on peut appeler ça comme ça. À la recherche de son fils bien-aimé.

Je crois que tu aurais été fier de cet article, je crois que tu aurais aimé la façon dont je parlais de toi.

Moulins, 20 janvier

Si j'avais su.

Je suis dans ma grande chambre, j'ai toujours une grande chambre à Moulins, dans l'Allier.

On est le 20 janvier 2007. Je suis venu exactement il y a deux ans ici, dans cette même chambre. À Moulins dans l'Allier. En 2005.

J'aimerais bien être encore il y a deux ans.

Si j'étais il y a deux ans, je t'aurais pas lâché une seconde. Si j'avais pu imaginer ce qui allait t'arriver, je t'aurais pas lâché une seconde, mon grand.

Je pense à la chanson de Pierre Perret. Je t'aurais emmené en Louisiane écouter des vieux jazzmen qui ont « du blues plein la trompette », je t'aurais emmené la nuit à la « pêche au lamparo », je t'aurais emmené au ski. Pendant trois semaines, pour pouvoir huit heures par jour admirer ton magnifique style de snowboard, j'aurais passé tous mes étés à la plage du Petit-Bec.

On serait retournés en Sierra Leone. En Sierra Leone, je voulais que tu sautes dans la piscine. Je voulais que t'apprennes à plonger. Tu avais à peine cinq ans. Je te disais : « Vas-y, saute, vas-y ! Je te rattrape, vas-y, saute, essaie ! » Je te poussais toujours à faire des choses un peu audacieuses. « Vas-y, saute, saute, je vais te rattraper, Ferdinand. T'as quand même confiance en moi, je suis ton père ! » Et tu m'avais répondu : « J'ai confiance en tout le monde sauf en toi. »

Je me souviens encore de mon éclat de rire.

Je t'aurais trimbalé sur tous mes tournages, où je rechignais toujours un peu à t'emmener pour ne pas soi-disant mélanger le travail et la vie privée. Je t'aurais embarqué à Marseille où tu rêvais tellement d'aller malgré ta défiance de l'OM ou peut-être à cause de ça. Tu avais failli une fois m'y rejoindre il y a deux ans, j'étais en tournée, j'avais réservé à la Résidence du Vieux-Port avec une vue imprenable, mais ça ne s'était pas fait non plus.

On avait remis ça à plus tard.

Sous le soleil…
Moulins, dans l'Allier, 20 janvier

Je suis dans cette grande chambre, à Moulins, dans l'Allier. Toujours en tournée… Je me suis dépêché pour arriver à temps, à 6 heures moins 10, 17 h 50, dans cette grande chambre que je connais très bien.

Pourquoi 17 h 50 ? Parce que c'est l'heure du passage du téléfilm que tu étais allé tourner quelques mois avant ta mort. À l'époque, tu m'avais dit : « Est-ce qu'il faut que je fasse *Sous le Soleil* ? »

Sous le Soleil, c'est une série avec des jeunes gens bronzés à Saint-Tropez. Une série, quoi… J'avais hésité. Arnaud, qui était premier assistant sur le film de Brigitte Rouän, réalisait. Vous aviez très fort sympathisé. Mais quand même, tu venais de faire le film de Brigitte Rouän, *Travaux,* avec Carole Bouquet, dans lequel tu avais été très remarqué.

Finalement tu y étais allé. Ça, c'était il y a longtemps, c'était la nuit des temps. C'était il y a un an.

À 17 h 50, j'étais devant le poste, en arrivant du train d'Aix-en-Provence.

Il y avait sur le générique au début : « À Ferdinand », écrit à la main, en dédicace, en hommage.

On a reçu, ta sœur et moi, plein de textos disant que t'étais génial, formidable. Je me disais que c'était peut-être parce que, comme tu n'étais plus là, la moindre trace de ta présence dans un film, même mineur, était magnifiée.

T'étais tellement doué ! Pas de maniérisme, pas de chochotteries, pas de trucs.

Et ça c'est une grande leçon, quand même, à vingt ans, Ferdinand.

Tu avais une grâce, une légèreté, une inquiétude, un humour, une distance…

Et puis te voir pendant une heure, avec ta dégaine, ton sourire, ta voix, ça arrache quand même.

Elle a été courte, ta filmographie.

Il y a quoi ?

On va commencer par *Travaux* de Brigitte Roüan. C'est ton premier film avec un rôle important. Tu faisais le fils de Carole Bouquet qui a une très belle anecdote à ce sujet.

Tu mesurais un mètre quatre-vingt-dix et en plus tu étais sur des rollers, donc tu devais flirter avec les deux mètres dix, et la scène voulait que son personnage mette la tête sur ta poitrine. Et elle a entendu ton cœur battre à deux cent quarante à l'heure, disait-elle, tellement tu avais peur.

Et ça ne se voyait pas.

Tu jouais, tu étais là. Toi-même. Tu faisais ton premier film, avec une star, tu avais le cœur qui battait à tout rompre, c'était très impressionnant, m'a raconté Carole, l'oreille en direct, posée sur ton cœur.

Elle t'a regardé et ça ne se voyait pas.

C'est ça que j'aimais bien chez toi aussi. Plus que voir tes émotions, on les devinait, elles affleuraient. Elles étaient encore plus fortes évidemment. Dès que ça affleure, c'est plus fort.

C'est une belle histoire qui montre ton courage, parce que t'en manquais pas.

Même si parfois tu disparaissais. Pas par peur. C'était naturel chez toi. Tu t'extrayais.

Quoi d'autre dans ta filmographie ?

Charmant garçon, à treize ans. C'était mon film, le film de ton père. Tu aimais bien, pour toi c'était un film culte, tu le montrais à tous tes copains, tu étais fier de ton père, tu avais même emprunté quelques dialogues pour les « créations » du cours d'Eva Saint-Paul, un spectacle que les élèves écrivaient et mettaient en scène eux-mêmes. Et notamment une phrase de *Charmant garçon* : « Tu es une étoile, mon fils, tu brilles, tu fais rêver. On croit que t'es tout près mais on peut pas t'attraper. »

Alors, après il y a eu quoi ?

Tu as fait un tout petit rôle dans un film que j'ai réalisé aussi, *Bien agités*.

Je me rappelle, quand j'ai fait des lectures chez moi, avec Frédéric Diefenthal et Julie Gayet, tu es arrivé, grand jeune homme un peu timide et tu as reconnu le protagoniste de *Taxi*, que tu avais vu. Les trois *Taxi*, tu les avais vus.

Brusquement, tu étais impressionné de voir Diefenthal en train de discuter avec moi sur la table de la cuisine. Tu t'es troublé un peu mais tu as fait face. Tu as dit deux-trois bêtises : « Ça va ? Vous travaillez ? Je ne veux pas vous déranger. Il vous manque rien ? » Pour masquer le trouble.

Avant, il y a eu quoi ?

Il y a eu... une pub, que Nicole Garcia avait réalisée sur le travail temporaire, je crois, on voyait un homme à différentes époques de sa vie. Toi tu faisais le jeune, t'avais onze ans. Tu étais superbe.

Et puis donc cet épisode de *Sous le Soleil*, que je viens de voir, là. Il y a cinq minutes...

Il y avait quelque chose à faire avec toi !

Bon, ce n'est pas le plus important. Le plus important, c'est de vivre, c'est d'aimer, d'être vivant.

Mais quand même, en scène, au Proscenium, dans *Soleil noir*, tu étais une espèce de brave soldat Chveik, avec un comique, une pureté, une innocence incroyables.

Et puis beau ! Toujours beau.

On va pas recommencer avec la beauté.

Grand Duduche...

Là, je suis un peu sous le choc. Je t'ai vu vivre au soleil, sous le soleil, pendant une heure.

Tu étais revenu content de ce truc, tu t'étais bien amusé et je sentais que tu étais content de toi, de ce que t'avais fait.

Tu peux, mon grand.

Tu peux être fier.

Fin du CV
21 janvier

Dans *Charmant garçon*, on voyait les enfants que le personnage principal – joué par moi – avait abandonnés un dimanche. Tu étais sur un canapé avec Émilie, ta sœur, et vous étiez vraiment très mignons tous les deux. Ça durait quelques secondes, mais les gens s'en souvenaient.

Dans *Bien agités*, tu jouais un délinquant emmené par les flics dans un ascenseur, pendant que Julie Gayet et Diefenthal se disputaient. Tout de suite, on pouvait déceler ta façon de vivre la situation. Ce n'était pas grand-chose, on peut même dire que c'était une « silhouette », mais tu étais pris de près, et on te voyait.

C'était juste, c'était vrai.

T'as aussi tourné dans un court métrage de Patty Villiers. Tu n'avais pas plus de quatre ans.

Je me souviens que tu m'apparaissais à la fin, apparition mystérieuse qui venait du fond d'un lac, et tu me disais : « Fais pas cette tête-là, papa, c'est pas grave, on efface tout et on recommence. »

C'était la fin du film.

Je ne le ferai plus
21 janvier

Tu me disais : « Quand est-ce que je vais jouer dans un film de toi, papa ? »

Jouer, tu entendais par là un vrai rôle, un grand rôle.

Mais moi je suis vieux, j'écrivais des trucs de vieux, je n'y arrivais pas.

J'aurais dû.

Je regrette. Je le ferai plus.

« J'ai suivi une petite fille »
Roanne, 22 janvier

Je suis à l'hôtel chez Troisgros. Ce soir, je vais manger chez Troisgros. Tu vois, je ne m'emmerde pas.

Je suis en train d'écouter *We are the Champions*, de Queen. Ça me ramène à la Coupe du monde, inexorablement. Et puis j'enchaîne sur la musique de *Roméo et Juliette* que t'aimais tant. Le film de Baz Luhrmann.

Bon, je vais continuer la série des *Il est où Ferdinand ?*

C'est une longue série. On va commencer par le début. On va commencer par l'île de Ré.

Tu avais trois ans, tu étais tout blond, il y avait du soleil, on se baignait, il y avait ta sœur sur un matelas, juste devant moi, elle avait cinq ans, et toi tu étais derrière moi, tu avais de l'eau à peu près jusqu'aux genoux, c'était sur la plage de la Conche bien sûr. Et puis je t'ai lâché la main à peu près trois secondes – il ne faut jamais lâcher la main d'un enfant de trois ans, même trois secondes, dans la mer – pour remettre Émilie sur les rails, avec son matelas qui… enfin ça foirait. Donc je t'ai lâché la main pour avoir les deux bras libres.

Je me retourne, tu n'es plus là ! Je me dis : « Il est reparti sur la plage. » Une petite crainte quand même, un regard à droite, à gauche. Non, tu n'étais pas dans l'eau ! C'était impossible ! La mer était relativement calme. Enfin, il y avait quelques vagues quand même.

Je me précipite sur la plage. Ils étaient tous là. Il y avait Stéphane, Véronique, Nicole, sa cousine et plein d'autres, je ne sais plus.

Je leur crie : « Vous avez pas vu Ferdinand ?

Il est où Ferdinand ?

Alors tout le monde se lève, regarde, scrute.

Rien.

Je me précipite vers les dunes.

Personne dans les dunes.

Je vais dans l'eau. Évidemment, dans ces cas-là on retourne toujours vers l'eau. Je piétine, j'appelle, je secoue l'eau.

Rien.

Mon cœur commence légèrement, très légèrement à s'emballer.

On décide de se répartir en commandos, un vers la gauche de la plage, celle du Petit-Bec, que tu connaîtras par cœur un peu plus tard, et l'autre, moi, vers l'autre bout de la Conche, où je savais qu'il y avait une cabine téléphonique.

Je regardais l'eau. Je me retournais. Je marchais en faisant des trois cent soixante degrés sur moi-même pour voir si j'apercevais ta frimousse. Rien. Là, j'avais beau essayer de juguler la panique, je sentais mon cœur s'emballer, ma bouche sèche, ma tête vide, les mains qui tremblent, une peur terrible.

Et surtout, comme montée en boucle, une pensée totalement obsédante : « Qu'est-ce que je vais dire à sa mère ? Comment je vais l'annoncer à sa mère ? Qu'est-ce que je vais dire à Coralie ? Quels mots il me faut utiliser ? Je vais y aller tout doucement. Je vais lui dire : "Ben voilà, il y a eu un problème." Elle va me demander : "Qu'est-ce qui se passe ? Qu'est-ce qu'il y a ?" – "Eh ben voilà…" » Et petit à petit, en m'imaginant lui dire ça, je sentais la peur débouler en panique.

En courant vers la cabine téléphonique, je me disais que peut-être les gendarmes pouvaient faire quelque chose. Peut-être que c'était pas dans l'eau que ça se passait, mais dans les dunes, peut-être qu'il avait été enlevé, je préférais qu'il soit enlevé, parce que, dans l'eau, si on ne voit rien, ça veut dire que c'est râpé. Tandis qu'enlevé sur une île, ça peut se retrouver.

Peut-être qu'on va l'apercevoir ?

Tout mon petit groupe s'était solidarisé et courait dans tous les sens, interrogeait, scrutait, détectait, appelait.

Arrivé au bout de la plage, je me retourne parce que j'étais perpétuellement à trois cent soixante degrés, et je vois qu'on me fait de grands gestes qui m'invitent à revenir… Pourquoi ? Est-ce qu'on l'a retrouvé ? Dans quel état ? Qu'est-ce qu'il dit ? Est-ce qu'il est… ? Est-ce qu'il s'est passé quelque chose ? Est-ce qu'il est blessé ? Mon Dieu, est-ce qu'il est un peu plus que blessé ?

J'accours. Tu étais là. Étonné, un peu ailleurs, distrait.

Véronique t'avait retrouvé sur le côté droit de la plage, au Petit-Bec.

Tu allais déjà en repérages, parce que le Petit-Bec, ça allait devenir ta plage favorite.

La plage des jeunes de l'île de Ré. Je me souviens que petit tu disais « l'île dorée » et je me rappelle ta déception quand tu as appris la bonne orthographe.

Le Petit-Bec, la plage des rendez-vous, des groupes, des ados, des baisers.

Je me souviens de t'avoir dit : « Mais Ferdinand, qu'est-ce qui s'est passé ? Pourquoi t'es parti ? T'étais où ? Mais pourquoi t'es parti là-bas ? Explique-moi ! »

Et tu m'as répondu, tout à fait normalement, avec ta petite voix un peu zozotante de gamin de trois ans : « J'ai ssssuivi une petite fille. »

Et Véronique m'a raconté, en effet, qu'ils l'avaient retrouvé avec une petite fille blonde qui tenait son papa par la main.

Et lui, il avait vu cette petite fille blonde, il n'avait pas pu résister à l'appel de sa blondeur. Il l'avait suivie sans se poser de questions. La petite blonde l'avait happé, attiré, telle une sirène.

Déjà Napoléon perçait sous Bonaparte.

Ça, c'était un bon, un grand « Il est où Ferdinand ? ».

Roanne, 22 janvier

Il est un peu tard. Je me suis régalé chez Troisgros. Ils nous ont abreuvés de vin, je me suis laissé faire. Je me suis laissé aller.

J'ai appelé Flore cet après-midi.

Flore, la fille dont tu étais amoureux. Enfin je crois. Dont tu guettais les appels et les textos, à Naples.

Je vais la voir demain. Il est deux heures moins le quart. Je vais me coucher. Je vais la voir demain, pour une sorte d'interview. Avec la caméra, tu sais, pour le film. Je pense qu'elle a le trac. Moi aussi j'ai un peu le trac. Je vais poser des questions simples. Je pense qu'elle va me faire des réponses simples. Elle va me dire si elle t'a aimé par exemple. Tu vois, des trucs tout simples. L'impression qu'elle a eue quand elle t'a rencontré la première fois. Tout ça. J'ai envie de savoir où tu en étais avec cette fille, si tu l'aimais, et si elle t'aimait, elle. Faire le point sur cette histoire, enfin sans vouloir m'immiscer. Surtout pas.

Et pourquoi tout ce bordel à cause de ça. Quand même, c'est à cause d'elle que t'as bu cette putain de bouteille de whisky. Enfin j'ai envie de savoir, quoi.

Je suis chez Troisgros à Roanne. Troisgros à Roanne, c'est un monde fermé et clos. C'est juste en face de la gare. On traverse, et là, on est dans le luxe, le calme, les jardins, la beauté, le goût, tout ça, tu vois. On avait ça à faire aussi ensemble. Tu aurais été bien là-dedans chez les grands cuisiniers. Je crois que tu aurais vraiment apprécié. Tu aimais bien le luxe, finalement. Tu t'en passais très bien, je sais, heureusement. Mais t'aimais bien ça quand même.

Je vais dormir. Je crois que je suis un peu pété. Demain je vais voir Flore.

Roanne

23 janvier, trois heures du matin

Là, je suis devant tes photos et je dis : « Salut mon grand, je t'aime. »

Là, je me laisse aller. Normalement, je me contrôle, mais là quelques verres de gevrey-chambertin, une poire et je plonge dans le lacrymal. Mais je m'en fous, j'aime bien ça aussi. Je vois ta petite gueule souriante devant moi et je dis « Je t'aime ». Je peux pas m'en empêcher. C'est pas parce que t'es mort. Avant je t'aimais aussi, je te le disais moins. Et puis je ne le disais pas devant toi, je ne le disais pas devant tes photos, surtout.

Je t'aime.

Et puis je vais t'aimer pour un bout de temps. Je vais t'aimer encore plus qu'avant. Parce que c'est comme ça que ça va se passer. Puisque t'es mort. Les fils qui sont morts, les enfants morts, on les aime encore plus qu'avant. Et Dieu sait qu'on les aimait avant.

Mais bon, on se laissait pas aller, on se disait que c'est pas bon pour leur éducation, il faut pas leur dire trop qu'on les aime. Là, je peux faire ce que je veux. J'en profite.

Je t'aime... Je t'aime, mon grand.

T'as l'avantage d'être mort. Ça facilite les aveux.

Tu me regardes, tu souris. Oui, oui, je te vois, là. Tu crois que je te vois pas ? Tu me souris. Pleine bille. Tu ressembles à ta mère. C'est vrai qu'elle est belle, ta mère. Qu'est-ce qu'elle est belle. Et là tu ressembles à ta mère.

T'es beau.

Je vais me coucher.

Je regarde ta photo.

Je t'aime, mais bon, ça sert à quoi ? Ça sert à qui ? Tout le monde t'aime. On sait pas quoi faire d'autre que t'aimer maintenant ! On passe notre temps à t'aimer.

Oui, oui, tu souris, tu vois bien ce que je veux dire.

Je suis chez Troisgros, là. Je marche dans la chambre.

Je sais pas ce que je vais faire avec ce sourire. Et ces yeux qui me regardent, là.

Je vais aller me coucher. Je crois que c'est mieux.

J'ai rêvé de toi hier.

C'était à Chevreuse. Tu étais un petit garçon de dix ans. Je te remettais ton short. Tu avais dix ans. Tu étais magnifique, comme tu étais à dix ans. Et puis après je te voyais à l'âge que tu avais juste avant de mourir, et je savais dans mon rêve que c'était un frère jumeau. C'était pas toi. Non, c'était un frère jumeau.

Et je me disais : « Putain, mais c'est le clone de Ferdinand. C'est une imitation parfaite. Quelle chance, oh là là... Quelle chance j'ai. Merci mon Dieu. » Et puis tu te rapprochais et je trouvais que tu avais le front bombé. Je me disais : « Ah, non, non, je préfère le voir de loin ! T'étais vraiment Ferdinand de loin. Mais de près, t'es plus Ferdinand. Tu as le front bombé de près, tu ressembles en rien à Ferdinand. Vas-y, éloigne-toi, va plus loin. »

Tout ça, c'était à Chevreuse, dans le jardin de Chevreuse. C'était un petit peu toi. Mais t'avais le front bombé. C'était qui ? Ça, c'est les rêves...

Putain, j'en ai marre de ce regard, de ce sourire. C'est quoi, cette chemise ? Tiens, j'avais jamais remarqué cette chemise. C'est une chemise que je t'ai offerte, ou que tu m'as piquée ! Tu étais coquet comme garçon, tu aimais bien les fringues et les machins et tout ça.

Ah ! Putain, j'arrive pas à y croire.

C'est pas vrai ! T'es plus là. T'es mort ! Tu te rends compte, Ferdinand ? T'es mort. T'es décédé. T'es dans une tombe. T'es six pieds sous terre. T'es au cimetière Montparnasse. T'imagines ce bordel ? Non mais c'est impossible, c'est incroyable, ce bordel. C'est quoi, ça ? T'es plus là !

T'es plus là à nous faire chier à arriver en retard.

La Merco

... à demander que je te raccompagne en voiture, il est 11 heures du soir, je tourne le lendemain matin, je viens de jouer. « Tu peux me raccompagner, papa ? » Et moi, comme un con, je le fais, je te raccompagne.

Avec ma Merco. Ouah, une Merco... « *Vas-y, une Merco !* » Tu sais, le langage des banlieues... *Yes !*

Je me rappelle, une fois, je t'avais raccompagné. Tu ne m'avais pas balancé un mot pendant tout le trajet. T'étais très jeune, t'avais quinze ans, tu m'as pas parlé. J'avais beau te dire : « Et alors, ça va l'école et machin... ? » j'ai compris au bout d'un moment que c'était pas la peine, quoi. Tu dirais pas un mot.

Voilà.

C'est tout ce que j'ai à dire.

Deauville, 25 janvier

J'ai emmené Josiane au Normandy, parce qu'elle n'était pas sortie de Paris depuis le mois d'août.

Au Normandy, on avait pris des photos de toi et Émilie dans la chambre avec la toile de Jouy, bleue. Tu as un nounours dans les mains.

J'ai rencontré Flore hier pour « l'interview ».

Je crois que tu aurais été content de ce qu'elle a dit. Je crois qu'elle t'aimait beaucoup et même plus que ça. Elle aurait bien voulu « faire un bout de chemin avec toi ». C'est ce qu'elle a dit.

Vous êtes allés au cinéma voir *Le Caire, nid d'espions*. Elle, ça l'a fait plutôt rire, toi pas du tout. Je crois que vous vous êtes embrassés. Puis vous avez bu du vin blanc... Elle m'a aussi raconté la fois où vous étiez allés ensemble chercher des CD pour moi, pour mon anniversaire, la « création » que vous aviez écrite ensemble, le bouquin que tu lui avais filé, *L'Attrape-cœurs*. Elle n'avait pas trouvé ça terrible : elle préférait une littérature plus classique. Elle m'a dit : « Ferdinand avait l'air tellement déçu, tellement étonné que je puisse ne pas aimer ce bouquin, il était presque blessé. » Et puis elle l'avait lu jusqu'au bout, elle avait trouvé ça génial, elle avait vu ton grand sourire, rassuré-content. Ouf.

Et puis un peu votre histoire, votre petite histoire, qui en était aussi une grande pour toi, enfin votre histoire courte.

Le jour de ta mort, c'était l'anniversaire de Flore. Fin de l'histoire.

J'ai été content de cette interview.

Chaque fois que j'ai appelé Flore, que je lui ai laissé un texto, j'ai eu un tout petit pincement, une toute petite accélération cardiaque.

Un peu comme toi, je pense. Ça doit être pour ça.

Elle m'a raconté aussi que vous étiez allés chez ta grand-mère Nelly. Tu lui avais fait voir les terrasses qui dominent tout Paris.

Et puis t'étais drôle, toujours tellement drôle.

C'est ça le truc avec toi, c'est que les filles te trouvent drôle et les mecs aussi. Il y a des incertitudes qui se cachaient derrière bien sûr, j'en sais quelque chose.

Donc je suis en Normandie, au Normandy.

Dernier repas
Le Touquet, 3 février

Le Grand Hôtel du Touquet, c'est ce même Grand Hôtel que j'ai quitté trois jours avant ta mort, c'était aux alentours du 8, 10 octobre, par là. Je tournais *Le Scaphandre et le Papillon*. J'étais au Touquet, on ne s'est pas vus souvent au mois de septembre.

Julian Schnabel, le metteur en scène du film, qui est aussi un grand peintre, m'a demandé hier s'il pouvait te dédicacer son film. J'ai dit : « Oui, bien sûr. »

C'est le dernier film que j'ai tourné de ton vivant, sous ton ère si je peux dire. Un film produit par Spielberg, peut-être que ça t'aurait amusé. Enfin, il va t'être dédicacé.

Et le Grand Hôtel du Touquet, c'est le dernier hôtel que j'ai habité avant que tu disparaisses.

Il faisait doux, je me rappelle, il faisait chaud au mois de septembre, je me baignais dans la mer, je me baignais dans la piscine.

On se parlait de temps en temps au téléphone. Pas tellement. Au mois de septembre, tu étais pris par tes répétitions, moi par mon film. Je t'ai appelé quelquefois, tu ne m'as pas tellement répondu, je me suis dit qu'on se retrouverait, puisque tu m'avais parlé de ton envie de venir habiter chez moi à partir de début octobre, au moment où je terminerais le film. Je me suis dit qu'on allait se retrouver tranquillement.

On ne s'est pas retrouvés beaucoup.

Tu es venu dîner le dimanche 8 octobre. J'étais là, j'étais rentré la veille du Touquet. On a dîné ensemble avec Émilie et Josiane. Je ne me souviens plus de cette soirée. Je sais que je répétais le lendemain… Plus tard, Émilie s'est souvenue qu'au cours de ce repas, je t'avais dit que tu allais avoir une grande vie et qu'il y avait encore tant de choses à découvrir, et elle m'a dit que ça faisait du bien.

Je t'ai raccompagné chez toi ce soir-là. Chez ta mère.

Et puis le lendemain, je t'ai eu au téléphone et tu avais passé à ton cours de théâtre *Barberine*, de Musset. Cette fameuse scène, que je t'avais conseillée et que j'avais passée au conservatoire au même âge que toi, dans laquelle j'avais eu beaucoup de succès. C'est un type qui n'a pas su tellement grandir, qui a encore des colères enfantines, et qui est rigolo à cause de ça. Il y avait une rencontre entre toi et ce personnage. Comme moi, quarante ans plus tôt.

Tu m'as appelé : « Je… » T'avais la voix guillerette. « Tiens, au fait, j'ai passé *Barberine* ! – Ah bon, comment ça s'est passé ? – Ouais. Plutôt bien. » Et comme toujours, si tu disais « plutôt bien », je savais qu'il fallait entendre « excellent » ou « totale réussite ».

J'ai su par la suite que tu avais été formidable.

C'était le lundi.

Le mardi, tu devais venir.

J'ai commencé à répéter la reprise de la tournée, tu m'as dit que tu ne viendrais rue de Bellechasse que le mercredi.

Ce soir-là, on a dîné ensemble après ma répétition. Tous les deux. En tête à tête, dans la petite cuisine. J'étais un peu fatigué, moi aussi j'avais un peu mal à l'estomac. Tu m'as demandé si j'avais organisé quelque chose pour ton anniversaire que tu devais fêter avec celui de Juliette, une copine de ton cours, on cherchait un lieu, peut-être une péniche, pour faire une grande belle fête pour…

Pour fêter tes vingt ans tout simplement.

Tu t'inquiétais de savoir si les parents de Juliette (parce que vous aviez vingt ans tous les deux à peu près en même temps) m'avaient appelé pour mettre au point avec moi l'organisation d'une soirée. Tu m'avais d'ailleurs déjà laissé un message la veille à ce sujet. Je l'ai toujours. Je le conserve précieusement.

Tu étais un peu inquiet parce que la date de cette cérémonie était fixée au 4 novembre, et on était déjà le 11 octobre. Mais tu savais que tu n'avais rien à craindre avec moi, que tu aurais une belle fête. Ça, je sais que tu le savais.

Puisque c'étaient tes vingt ans.

Pour tes dix-huit ans, on était allés au Cabaret, avec Nicole et Brigitte et ta mère bien sûr. Et tous tes copains étaient venus te rejoindre. Il y avait Éric, Benjamin, et les autres... Je me rappelle qu'on s'était éclipsés discrètement pour te laisser avec eux finir cette nuit au Cabaret, place du Louvre. Je t'avais offert une caméra que tu avais perdue très vite après.

On était ensemble dans cette petite cuisine. La veille du 12, la veille de la nuit du 12 au 13.

Dernier repas avec moi, ultime repas.

Personne ne le savait bien sûr.

On ne sait jamais ni le jour ni l'heure.

On ne peut pas l'imaginer. Pas en ce qui te concerne.

Tu étais un peu tendu, tu avais l'œil un peu triste, je crois que tu avais des problèmes d'estomac. À propos de ce problème d'estomac, je me pose des questions depuis. Je me pose des questions sur toi comme sur moi.

J'avais eu au téléphone le fameux toubib avec qui tu avais rendez-vous le 18 octobre. Il m'avait dit que c'était probablement un mélange. Il y avait une fragilité organique et le stress pouvait accélérer ce malaise. Il pensait que ça s'arrangerait assez facilement.

J'étais content que tu reviennes. J'étais content que tu sois là. Tu allais t'installer là pour je ne sais pas combien de temps, jusqu'à Noël au moins, tu allais prendre tes quartiers. Tu étais chez toi, tu te sentais bien ici, ça se voyait.

Flore m'a dit aussi que tu regrettais de ne pas avoir ta chambre à toi ici.

Le grand rouquin
Le Touquet

Je viens de jouer. J'ai attrapé froid, je suis mal foutu, j'ai les neurones déficients.

Je n'arrive pas à t'écrire, j'ai l'impression que je te laisse, que j'arrête de te tenir la main, que j'ouvre la mienne et que tu glisses, je ne veux pas de ça. Ça me fait souffrir.

Je ne veux plus parler de mes états d'âme, de ma rhino-pharyngite, de ma nostalgie de l'hôtel, je m'en fous. Je veux vite enfoncer un pieu, enfoncer un coin, et parler de toi, vraiment de toi.

Je me souviens de ton courage, de ta détermination.

Je me souviens d'un petit rouquin. Petit pour moi mais grand pour toi et pour ta sœur. On a toujours un rouquin sur sa route qui vient vous faire chier. Là, c'était à Avoriaz, la station de ski où on avait un appart', tu te rappelles ? T'aimais bien cet appart', on a de grands souvenirs dans cet appart', avec toi et Émilie. Après, tu y allais avec des copains.

Alors ce jour-là, il y avait un grand rouquin qui était venu vous faire chier.

Il a commencé à bousculer ta sœur. Moi, j'étais là derrière la porte vitrée de l'immeuble, j'observais tout ça, je ne voulais pas intervenir, je voulais être témoin et savoir comment ça allait se terminer, comment vous alliez vous débrouiller avec tout ça, surtout ta sœur.

C'est ta sœur qu'il emmerdait, le grand rouquin. Toi, t'étais vraiment trop petit, t'étais du menu fretin. Mais ta sœur qui devait avoir à peu près neuf ans, deux ans de plus que toi, avait maille à partir avec le rouquin. Et que je te tire, et que je te pousse, et que je te tire la langue, et que je te prends le bras. J'étais prêt à intervenir, j'attendais de voir comment ça allait évoluer. J'étais toujours pour que les enfants se débrouillent ensemble. Ne pas faire d'interventionnisme.

C'est à ce moment-là que je t'ai vu surgir, déterminé, courageux. Intraitable. Tu ne t'es pas posé de questions. Tu as foncé dans ce grand rouquin, qui devait avoir à peu près douze ans, peut-être quatre ans de plus que toi. Il avait une grosse tête de rouquin, il était moche, il était méchant, il était bigleux, il avait de mauvaises intentions, il était là pour faire chier.

Tu étais tellement déterminé à défendre ta sœur, tu trouvais ça tellement injuste, ce rouquin te révoltait tellement que tu lui as foncé dedans, tu l'as poussé, t'étais un tout petit bonhomme. Minuscule.

Et qu'est-ce qui est arrivé ? Le rouquin a lâché prise.

Il est parti, péteux. En faisant des mouvements de bras. « Oh, j'en ai rien à foutre. Allez vous faire foutre. Qu'est-ce que c'est que ce machin ? »

Minable.

Toi, tu ne tirais aucune gloire de ton fait d'armes, tu avais défendu ta sœur, c'était instinctif. Là, j'ai ouvert la porte et je t'ai félicité : « Bravo ! », toujours un peu dans l'humour, fallait pas non plus… « Bravo, Ferdinand. » Je t'ai fait des compliments. J'avais été impressionné par ton courage, très ébloui, très flatté. Je me disais que tu étais mon fils, je me demandais si dans la même situation j'en aurais fait autant. Je n'en étais pas sûr.

J'étais content que toi, ce petit bonhomme si beau, en plus, il soit courageux.

Tu vois, on avait oublié ça, le courage. Ben voilà, ce jour-là, t'avais été courageux.

Une meilleure soirée

Avec cette histoire de rouquin, je crois que je t'ai rattrapé la main.

Je t'ai même rattrapé complètement.

Je me sens mieux, je vais passer une meilleure soirée.

Ferdi et les compliments

Quand je t'ai fait ces compliments, quand je t'ai félicité, tu avais l'air de t'en foutre. Enfin je pense que tu étais légèrement content que ton père te congratule mais pas plus que ça. Tu es très vite passé à autre chose. T'as foncé sur tes skis et t'as dit : « On y va, papa ? »

C'est la seule chose qui t'importait, le reste c'était déjà du passé. Enfin c'est l'impression que tu donnais. Mais très souvent j'ai fait resurgir cet exploit du petit rouquin, et plus tard, beaucoup plus tard, je sentais que t'étais plutôt content que j'évoque ça en public.

T'étais comme ça aussi, un peu.

Le cœur au cimetière
Paris, 5 février

En revenant du Touquet, je suis allé te voir au cimetière Montparnasse.

Il y avait un cœur dessiné par terre avec *À notre amour* tracé au doigt dans la terre, j'ai reconnu l'écriture d'Émilie. Autour du cœur, elle avait écrit les noms de tous les gens que tu aimais et qui t'aimaient, Émilie, moi, Coralie, Josiane, Nelly, Jonathan, Adrienne, Simon, Flore, Benjamin, Sylvain, Fabien, Victor, etc.

J'ai eu l'impression que la météo était la même depuis plusieurs mois. Le ciel était bas, chargé, gris, il n'y avait pas une feuille aux arbres.

J'ai remonté à pied le boulevard Edgar-Quinet, jusqu'à la place. J'ai tracé jusqu'au square Poinsot. Je me suis assis. J'ai regardé la rue Poinsot, l'appartement qu'on avait habité, au quatrième étage, la dernière fenêtre sur la droite, c'était ta chambre, je me souviens que je t'observais dans le square Poinsot. De la fenêtre. Après, j'ai remonté le boulevard jusqu'au café Odessa, puis je suis allé devant ton école, l'école de la rue Delambre, je suis resté un moment devant. La boulangerie est toujours là, en face, mais il n'y a plus le marchand de costumes d'un autre âge, Devarenne ça s'appelait, je crois…

Et puis je suis revenu à ma voiture, garée pas loin du cimetière Montparnasse.

On est le 5 février.

Cette nuit j'ai rêvé que je te manquais, que ton père te manquait, c'est le message que tu me faisais parvenir dans mon rêve. Je sais que je te manque. Peut-être autant que tu me manques.

J'ai un peu de mal aujourd'hui.

Les choses évoluent, je me demande si elles évoluent bien. Il y a quelque chose qui s'installe que je n'aime pas, c'est peut-être la longueur ? Peut-être ça fait très longtemps qu'on ne t'a plus vu, Ferdinand ? Oui, voilà, c'est ça qui manque. Plus ça va aller, plus le temps va s'allonger depuis le moment où l'on t'a vu pour la dernière fois.

C'est peut-être ça.

Le cours d'Eva Saint-Paul
Paris, 8 février

Je suis retourné au cours d'Eva Saint-Paul, avec ma caméra. Je voulais l'interviewer, qu'elle me parle un peu de toi, tu sais, toujours pour le film que je fais, et finalement tous les élèves étaient sur scène ou dans la salle, chacun avait quelque chose à dire. C'était bien.

Simon, ton ami des derniers mois, n'était pas au mieux. Il se cachait derrière un rideau, il n'était « pas au top », comme il m'a dit après, c'était trop lourd pour lui.

Ils ont tous dit à peu près la même chose. Je crois qu'ils t'aiment, ces gamins.

Quand tu es arrivé, Eva trouvait que tu étais mon clone quand j'avais dix-huit ans. Ça a duré six mois, elle avait du mal à se débarrasser de cette impression. C'était la même présence, la même bouille, les mêmes expressions, me disait-elle. J'étais content.

Les autres ont parlé de ton cœur, ta générosité, ta gentillesse avec la même ferveur, et puis aussi l'humour, la déconne, la déconne tout le temps. J'aime bien ce cocktail.

T'avais l'étoffe des héros, mon grand.

La dernière au Mée
10 février

Aujourd'hui, c'est ma dernière. C'est la dernière de la tournée d'*Une heure et demie de retard*. On va faire ça au Mée. Je ne savais même pas que ça existait. C'est à côté de Melun. Enfin voilà, c'est fini.

Ta mère va venir me voir. Elle y tenait absolument. J'ai l'impression que c'est important pour elle. Et du coup, pour moi aussi.

Tu vois, tout arrive… Tout est bien.

Le joueur du Portugal
Île de Ré, 13 février

On est le 13 février. Il est 3 h 14, je suis retourné à l'île de Ré hier avec Josiane. Je suis dans ta chambre, j'attends 3 h 19 donc, puisqu'on est le 13 février, quatre mois après que tu es parti. Tu sais bien que tous les 13 de chaque mois, à 3 h 19, je te parlerai.

Ta chambre est toujours aussi bleue. Enfin le bleu commence à être un peu fatigué. C'est un bleu qui a onze ans. Il y a la photo d'un joueur de foot de l'équipe du Portugal, Niño Gomez, qu'on avait rencontré en Grèce, juste après le championnat d'Europe des nations, où la Grèce avait gagné contre le Portugal. Il était venu en vacances en Grèce ! On l'avait croisé dans un restaurant le 14 juillet, c'était une des stars de cette coupe d'Europe. Tu étais allé le voir à sa table, tu lui avais demandé de faire une photo avec lui. Il était venu à la nôtre, il nous avait salués.

C'est une très belle photo, qui est là dans ta chambre, que tu as fait agrandir. Tu le tiens par le cou, tu souris.

Ta chambre.

Il y a encore les marques de ce jeu débile que vous faisiez quand vous aviez quatorze ans. C'est le jeu du foulard, tu sais, il s'agissait d'étrangler quelqu'un, un copain, jusqu'à ce qu'il perde connaissance. Tu avais expérimenté cette espèce d'étranglement sur Éric… Qui était tombé la tête en arrière sur l'arête du mur.

Malin ! Vraiment malin !

La marque est encore visible.

J'ai l'impression qu'elle me fixe.

Le prochain film
Île de Ré, 15 février

J'écris.

Je dérushe toutes les cassettes.

Il fait beau, très beau. Encore un peu frais.

Je travaille aussi sur le film que je vais attaquer dans quinze jours. C'est un film de Gilles Legrand, avec Laetitia Casta dont je joue le père. Je prends conscience que c'est l'histoire d'un homme qui a perdu son fils de dix-huit ans. Sa fille et lui sont dans le plus grand désespoir à cause de ça.

Ce n'est pas le sujet central du film mais ça va peser. Ça me pèse déjà.

Le baston de Ré

Je suis seul à la maison sur l'île de Ré. Je passe par le garage. Et cela me fait penser au seul « baston » qu'on avait eu tous les deux.

Tu t'étais fait virer une semaine de la pension, je ne sais plus pour quelle raison, il y en a tellement eu… Je t'avais emmené avec nous à l'île de Ré pour faire des travaux, que j'appelais « d'intérêt général ».

Je t'avais mis entre les mains une balayette et je t'avais chargé d'enlever les toiles d'araignée, et puis d'essuyer les vitres. Je ne t'en demandais pas beaucoup, mais très vite je me suis aperçu que c'était bien au-delà de ce qui était possible pour toi. Tu essayais d'y mettre de la bonne volonté, même de la concentration, je pense, tu voulais me faire plaisir mais c'étaient les douze travaux d'Hercule, pour toi, ces putains de toiles d'araignée ou ces vitres un petit peu sales.

J'assistais ébahi à l'incroyable effort que tu produisais pour arriver à un résultat minimum.

Pour te récompenser, on est allés manger à La Case à Vent. Tu étais en forme, on avait une bonne complicité, on riait, mais je devais rester dans le rôle du père. Il ne fallait pas que ce soient des vacances, surtout pas. Tu avais été viré. Tu étais là pour faire des travaux d'intérêt général.

Tu t'étais laissé aller à quelques confidences, en te marrant, parce que tu te marrais beaucoup, et moi aussi.

Tu me racontais comment je m'étais fait berner : « La fois où on avait fait le mur, avec Jonathan, la fois où t'avais cru qu'on dormait, et puis on était partis par le mur du jardin, la fois où on avait escaladé et détruit la clôture. T'avais cru que c'étaient des cambrioleurs, en fait c'était nous, on rentrait à 6 heures du matin… »

Des trucs marrants.

J'en apprenais de belles. Enfin bon, on a tous été jeunes.

Mais j'avais toujours été persuadé que je contrôlais la situation et qu'on ne pouvait pas me la faire. Eh bien non, j'avais trouvé plus malin que moi.

Là-dessus, un de tes copains passe devant La Case à Vent et te dit : « Tiens, tu viens ce soir ? » Je réponds : « C'est hors de question, Ferdinand, tu es là pour travailler, tu restes avec moi et tu ne bouges pas ! On va parler, on va dîner ensemble, à minuit tu es couché. »

« OK papa, c'est vrai, t'as raison… »

C'est ce qu'on a fait.

Et puis on s'est mis devant un jeu de société, on a discuté de ton avenir, de la pension, on s'est marrés. Comme d'habitude. Et puis on a regardé un peu la télé. Au bout d'un moment, tu t'es levé : « Je vais me coucher, papa, je suis fatigué, j'ai un bon bouquin. »

Ça aurait dû me mettre la puce à l'oreille. Non. Moi je suis très naïf, un peu comme toi, je crois ce qu'on me dit, même quand on vient de me raconter par le menu comment je me suis fait trimbaler pendant des années, comment on faisait le mur et rentrait par la clôture.

Non, aucun clignotant rouge, aucun signal d'alerte.

Et puis, j'avais toujours l'habitude de m'endormir devant la télé, tu le savais, tu attendais le moment où j'allais m'assoupir, ce qui n'a pas tardé.

Et c'est là que tu en as profité pour t'esquiver.

Au bout d'un moment, j'ai décidé de rejoindre mon lit. Et là, un petit déclic, un bruit, un pressentiment, toutes ces histoires que tu m'avais racontées… Je suis allé, par précaution, vérifier si le garage était bien fermé.

Non seulement le garage était ouvert mais ton vélo n'était plus là. Je suis monté dans ta chambre : personne.

J'étais tout à coup très énervé. Je t'ai appelé sur ton portable. Messagerie. Je t'ai appelé cinq, dix fois. Messagerie.

J'ai pris mon vélo, je suis allé sur la place, je suis allé dans les lieux chauds, je suis allé à l'abribus, à L'Émeraude.

Rien.

J'étais fou de rage. J'ai pris la voiture. J'ai sillonné le village dans tous les sens, je suis allé à la Conche, au Gros-Jonc, même au Petit-Bec, à la Chiouse, je t'ai appelé. Je t'ai laissé des messages en disant que quand tu rentrerais, je te casserais la gueule.

Il était 2-3 heures du matin. Je me suis remis devant la télé, incapable de lire, incapable de m'endormir. J'attendais frénétiquement que tu reviennes pour mettre mes menaces à exécution.

Et j'ai entendu un bruit infime, très léger, minuscule. Je savais que c'était toi. J'ai foncé. J'ai ouvert la porte du garage.

Rien.

Tu n'étais pas là, j'ai vu simplement ton vélo. Et puis j'ai su que tu étais derrière la porte. Je me retourne, tu es effectivement derrière la porte, et là, je te balance mon poing en pleine figure.

Le seul truc que j'avais oublié, un détail mais qui avait une grosse importance, c'était que tu faisais beaucoup de football, et que t'étais le roi de l'esquive. Tu arrivais à te débarrasser de tes adversaires et à récupérer le ballon, dans une espèce de danse très singulière : tu esquivais.

Mon poing n'a rencontré que le vide, tu avais esquivé, tu n'osais pas me répondre, tu n'osais même pas te défendre, d'abord parce que j'étais ton père, et ensuite parce que tu savais que tu étais coupable à un point qui donne une idée de l'infini. Donc tu ne faisais qu'esquiver. J'ai monté d'un cran, j'y suis allé avec les pieds. Esquive. Les poings. Esquive. Et est arrivé ce qui devait arriver, j'ai perdu l'équilibre, je me suis explosé la tête sur la poignée de la porte du garage.

Là, tu as été très embêté : « Oh, papa, papa, arrête papa... Arrête... Oh mais qu'est-ce que t'as, papa, tu saignes ? » Effectivement, je saignais, je sentais le sang couler, je suis vite allé me réfugier dans la salle de bains. Je sais que tu n'en menais pas large, mon grand. Toi aussi t'es monté dans ta chambre direct. Ça virait au vinaigre.

J'ai réveillé Josiane. Le sang dégoulinait. Et le seul pansement que j'ai trouvé était un Albuplast qui avait à peu près la grandeur d'une page de cahier. J'ai désinfecté, je me suis collé ça, je suis revenu en haut sur la terrasse, furieux, voulant finir d'en découdre, quand même un peu douché par ce choc.

Tu arrives et, à ce moment-là, je te vois essayer de réprimer un fou rire. Puis j'aperçois mon reflet dans la porte vitrée de la terrasse, et je vois ce spectacle invraisemblable : un mec avec des cheveux dressés qui maintiennent un Albuplast verticalement sur sa tête, comme un cahier.

Et puis ça s'est arrêté là, parce que le rire, c'est comme la mer, ça nettoie tout.

La partie de foot
Ré, 16 février

Je suis allongé dans le jardin. Il fait très beau, très doux, presque chaud, on sent qu'on est en train de passer de l'hiver vers le printemps.

« Je sens la paix de la grande nature qui m'entre dans le cœur », comme disait Victor Hugo.

Je me souviens qu'on a joué cet été au football sur la plage de la Conche. Il y avait nous – toi, moi, Émilie et le petit Victor –, les Chesnais contre le reste du monde : Mikhaël, et je ne sais plus qui d'autre.

Je me souviens combien tu étais attentif à la façon dont jouait Victor, combien tu l'aidais, combien il te faisait rire, combien tu lui redonnais le ballon quand le ballon s'était échappé, je me souviens de tout ça, je me souviens qu'il faisait très beau.

Je me souviens que Victor et toi, vous m'entriez dans le cœur.

L'arrivée du printemps
Ré

J'ai maintenant la conviction que, plus difficile que l'anniversaire de ta mère, que celui de Josiane, que Noël, que le premier de l'An, il y aura l'arrivée du printemps.

Le printemps commence à faire parler de lui, là. Des pâquerettes ont poussé dans le jardin, il fait doux, je suis en tee-shirt sur une chaise longue au soleil et l'annonce de ce printemps, l'annonce de la floraison, l'annonce du renouveau, l'annonce de la douceur me tord, me broie.

Me désintègre.

Le vieux Libé
Ré

Vendredi 16 février.

J'allume le feu avec un vieux *Libé*, daté du 11 août 2006.

T'étais pas loin. C'était le bon temps.

Roland
Ré, 18 février

Hier, on est restés trois heures avec Roland, ton grand pote de l'île de Ré, et sa fiancée Camala. On a discuté de toi pendant trois heures. J'ai appris des choses, rien que je ne sache ou que je n'aie déjà deviné.

Et puis c'est toujours la même chose, la tchatche, la beauté, la gentillesse, le cœur, la drôlerie. Et puis que tu buvais trop dans les soirées.

On a pleuré sur la fin…

Décidément, ce grand Black, tellement physique, si souriant et si fin, me surprendra toujours. Ses hurlements de douleur le jour de ton enterrement, et là, quatre mois après, « J'avais pourtant juré que je craquerais pas », me disait-il en pleurant.

L'origine populaire

Je réalise maintenant que tous tes copains, depuis ton plus jeune âge, étaient d'origine populaire. Je m'en suis aperçu en les réunissant, en les interviewant, en leur demandant leur avis sur toi.

Il sont tous d'origine populaire.

Ce qui était intéressant à voir, c'est qu'avec ton physique d'aristocrate dix-neuvième siècle ou de petit lord Fauntleroy moderne, tu n'avais que des copains blacks, blancs, beurs, d'origine simple et que c'était avec eux que tu étais en empathie.

C'est vrai que si du côté de ta mère on est plutôt grands bourgeois, avec une filiation intellectuelle, artiste, un peu « bobo », chez moi c'était plus simple. Moi aussi j'avais des copains très populaires mais moi j'habitais dans des quartiers populaires, en province. Tu as perpétué cette habitude, ce réflexe, ce besoin.

Les médias

J'ai l'impression que tu te foutais des médias. Ce n'était pas très important quand ton père passait dans les médias. Tu ne regardais pas, tu ne faisais pas attention. Tes copains t'appelaient : « Il y a ton père qui passe sur la trois, ou sur la une ! » Alors quand même, tu changeais de chaîne, tu me regardais vaguement, mais tu ne m'en parlais pas.

Je me rappelle, pendant la Coupe du monde 98, une émission que tu ne ratais jamais, c'était « Le Club du Mondial », qui avait lieu chaque soir et qui durait une bonne heure et demie, animée par Gérard Holtz et Bernard Pivot. Il y avait un invité tous les soirs et tu n'en loupais pas une. Tous les soirs tu étais accroché après le dernier match, aux commentaires, aux invités, aux extraits de matchs, pour rien au monde tu n'aurais raté ça.

Et puis un jour, j'ai été invité. Je t'ai demandé si tu voulais venir avec moi pour être dans le public, tu m'as dit : « Non, non, je préfère regarder ici. »

Quand je suis rentré, tu avais regardé une autre chaîne. Et là, je n'ai pas compris : « Pourquoi tu regardes l'émission tous les soirs, et le soir où je passe tu ne regardes pas ? – Je l'ai enregistrée ! Je voulais regarder *Nana*... » Malgré tout, ça m'avait troublé. Surtout que le magnétoscope n'avait pas fonctionné.

Pour ta première expérience personnelle avec les médias, Canal Plus t'avait choisi pour aller interroger, toujours pendant la Coupe du monde, les joueurs de foot à Clairefontaine. Tu avais interviewé Vieira, Lizarazu, Pirès, Deschamps et plein d'autres, pas Zidane.

Tu avais ton petit papier, tu leur mettais le micro devant le nez : « Est-ce que vous dormez bien la veille d'un match ? Est-ce que vous aimez bien savoir que quelqu'un qui doit vous recruter pour un autre club se trouve dans les tribunes ? »

Et puis, à sept heures et demie, on était passés ensemble en direct en plateau, avec le journaliste François Pécheux. Tu t'étais montré très brillant, on avait déconné tous les deux. En direct, tu prenais bien la lumière. Tu passais un bon moment avec ton père, tu avais vu les joueurs, tu étais content. Mais après l'émission, l'impression mystérieuse que tu t'en foutais un peu demeurait.

Et puis, il y a un an, je t'ai dit : « Tu ne veux pas regarder la cassette de l'émission qu'on avait faite pendant la Coupe du monde ? – Ouais, si tu veux… »

Après ça, tu m'as taxé la cassette, je ne l'ai plus jamais revue.

J'essaie désespérément de la retrouver.

Sinon je vais faire appel à l'Ina.

Pleurer

Je me suis rendu compte aujourd'hui que je pleurais tous les jours. À un moment ou à un autre, ça vient. C'est comme pisser, manger, dormir.

C'est comme ça, maintenant.

Les visiteurs

Je me souviens que, quand tu avais à peu près sept ans, tu étais allé voir, à Ars-en-Ré, *Les Visiteurs* avec Reno et Clavier. Le public s'était esclaffé pendant une heure trente, et à la fin Josiane t'a demandé ce que tu pensais du film, si tu l'avais trouvé bien.

Tu as répondu : « Oui, mais... c'est triste... »

Y avait-il dans ce film un petit détail, que toi seul avais remarqué, qui avait généré ce sentiment ?

Retour à Paris
25 février

Dimanche soir.

Je regarde le match Paris Saint-Germain/Saint-Étienne sur Canal. Je suis tout seul, tu n'es pas là. La plupart du temps, tu étais là pour regarder avec moi le match du dimanche soir.

J'imagine ce que tu aurais dit en voyant le Paris Saint-Germain déjoué, tes exaspérations, tes soupirs, tes rires, on aurait déconné, on aurait plaisanté. En même temps, on était des téléspectateurs sérieux. On voulait regarder les matchs avec sérieux.

Enfin, être dedans.

Paintball

Aujourd'hui 28 février, j'ai commencé à tourner un film, *La Jeune Fille et les loups*, de Gilles Legrand. Curieusement, le premier lieu de tournage était au parc de Saint-Cloud. À peu près au même endroit où j'avais tourné ce film avec

Michaël Youn, *Héros*, où tu apparaissais en photo, tu étais moi jeune.

Je suis repassé devant les mêmes bâtiments où j'étais resté deux mois, en mai et juin. Où je t'avais attendu en vain : tu devais venir me voir sur le tournage…

Je me rappelle aussi que tu avais fait une partie de paintball, organisée avec toute l'équipe du film. Je n'y avais pas participé, toujours à cause de ma hanche. Vous aviez passé toute la journée à jouer au paintball avec Michaël Youn et toute la bande.

Je me rappelle que le lundi, quand j'étais revenu sur le tournage, tout le monde me parlait de ta combativité, de ta performance, ta résistance, ton habileté. Ferdinand par-ci. Et Ferdinand quand il a fait ça…

J'étais content.

Les photos de l'accident

Paris, 1er mars

Aujourd'hui, j'ai eu rendez-vous avec l'avocat. J'ai vu le dossier, j'ai vu les photos de l'accident, les photos de la voiture de face. Tout le côté droit de la voiture était explosé, ton côté à toi. J'imagine que tu étais de l'autre côté de cet amas de ferraille.

Là, j'ai eu un peu de mal.

On a parlé, toujours avec l'avocat, de cette bizarrerie des flics qui veulent, à toute force, faire un parallèle entre la pièce que tu jouais et ta vie.

Un des arguments du flic, c'est que tu jouais un personnage qui refusait d'exécuter quelqu'un et s'exposait ainsi au châtiment suprême de son chef. Le chef t'exécutait toi. Un parallèle débile : on t'avait tué sur scène et on t'avait tué sur le Périphérique.

Je me dépêche d'en rire mais je suis obligé d'en pleurer.

Le 13 mars

On est le 13 mars.

Il est 3 h 19.

Le temps n'a pas passé.

Je vais aller me recoucher, demain je vais être juré au Conservatoire pour le concours d'entrée, tu devais t'y présenter cette année, j'y vais aussi un peu pour ça, comme une fidélité.

Je vais aller un peu regarder tous ces jeunes gens qui vont peut-être jouer une partie de leur avenir demain. Puisqu'ils en ont un, eux.

J'ai laissé un message à ta mère.

J'avais fait sonner le réveil à 3 h 15, j'étais en train de faire un rêve érotique, tu vois, tout n'est pas perdu.

Je t'embrasse.

Le 18 mars, c'était mon anniversaire. On est allés au cimetière avec Émilie et Josiane.

J'étais très mal en fin d'après-midi. On était avec toi. Je me sentais avec toi. Chaque pore de ma peau, chaque poil, chaque pensée étaient traversés par toi.

Après on s'est tous réunis dans un cabinet particulier à la brasserie Thoumieux. Ta mère était là, avec Yvan. Josiane et Émilie étaient assises à côté de moi. Il y avait toute la bande, Adrienne et Jonathan, Stéphane, Nathalie, Bernard, Véronique. On aurait pu être plus, on aurait pu être moins, c'était comme ça, on était treize. J'ai pas mal picolé, je dois dire, mon grand. Après on en a pris un dernier, au Lutetia, pour la route.

Je me suis endormi cassé.

Hier, on était le 20. J'ai été décoré officier des Arts et Lettres par le ministre. Émilie et Josiane étaient là, bien sûr. C'étaient les seules, je n'avais convoqué personne d'autre. Je voulais que ça se passe entre nous, dans le cercle familial le plus restreint. De plus en plus restreint depuis que tu es parti.

J'ai dit que cette récompense, tu aurais peut-être pu l'avoir un jour, tu aurais peut-être pu être distingué aussi par la République, mais que malheureusement c'est foutu. Ça a été foutu.

Et puis aujourd'hui on est le 21 mars. C'est le printemps. Il fait un froid de canard, vraiment très froid.

J'ai peur du printemps, j'ai peur du renouveau, j'ai peur de la floraison, j'ai peur de la douceur de vivre.

J'ai un an de plus, et une décoration de plus.

Et un fils en moins.

Dans six ans

Qu'est-ce qui va se passer dans six ans ? Comment je serai dans six ans ? Quand je me pose cette question, je sens une grande montée d'adrénaline. Parce que ça ferait plus de six ans que je t'aurais pas vu, dans six ans.

Je ne peux pas arriver à me détacher de cette silhouette qui marche dans le couloir de l'hôtel Claridge et qui m'évoque tant la tienne, je suis à Londres pour présenter un film, *Je ne suis pas là pour être aimé*.

Je me dis : « Putain ! Six ans sans toi, ça va être long ! Comment je vais faire ? Comment je vais y arriver ? »

Le Futuroscope
Île de Ré, 8 avril

Retour à l'île de Ré. Je suis dans ta chambre, j'ai apporté une grande photo que j'ai installée là.

Je me souviens que j'aimais bien être seul avec toi.

Je me souviens qu'en allant à l'île de Ré, une fois, on s'était arrêtés au Futuroscope. Tu devais avoir quinze ans. On avait dîné le soir au restaurant. Et le lendemain on avait visité toutes les attractions.

Toi et moi on pensait que le Futuroscope, c'était genre musée ultramoderne sur le futur. Pas du tout. C'est une sorte de musée de l'image. Ce n'était que de l'image partout, la 3 D, la 4 D, l'image tournante, l'image en relief, etc., à mi-chemin entre l'expérience scientifique et l'attraction Disneyland. C'était bien. Ça t'avait beaucoup plu.

Ce qui t'avait plu aussi, c'est qu'on avait eu droit à un coupe-file. On ne faisait la queue nulle part. C'était un de mes privilèges. Et là encore, tu avais l'impression que j'avais tous les pouvoirs. Tu avais remarqué aussi que les gens me reconnaissaient, peut-être parce qu'ils n'avaient que ça à faire, dans les files : regarder. Ça t'avait frappé. Plusieurs années après, tu m'en parlais encore : « Oh là là, au Futuroscope, les gens n'arrêtaient pas de te dévisager, de te demander des trucs et des autographes… » Ça t'avait particulièrement marqué, ce jour-là.

Je me rappelle que dans la grande salle du restaurant, on était arrivés un peu en retard, on était les deux derniers. Et après, dans la chambre, puisqu'on partageait la même chambre, tu étais assez silencieux.

On n'avait pas tellement parlé. J'essayais mais c'était ta période mutique avec moi. Quand il y avait une tierce personne, Josiane ou Émilie, ta mère ou des copains, les choses se passaient différemment. Mais seul en tête à tête avec moi, ton père, je crois que tu étais légèrement intimidé, tu ne savais pas comment exactement t'y prendre. Peut-être étais-tu écrasé par le poids de l'autorité, que je n'avais pas tellement pourtant, mais que je représentais, que je le veuille ou non. On s'en sortait toujours en déconnant un peu.

On s'est marrés, je t'ai raconté des histoires, ça t'a fait rire un peu. Et puis chacun a pris possession de son petit lit, moi je lisais, toi tu regardais vaguement la télé. Puis tu t'étais décidé à lire aussi. Tu me guettais un peu, je te sentais en confiance, un peu intimidé mais en confiance.

Et le lendemain, on a vu plein d'images. Oui, je crois que tu étais très content. On est repartis en fin d'après-midi pour l'île de Ré. On a fait deux-trois commentaires sur ce qu'on avait vu. Pas plus. On est restés dans un mutisme de bon aloi…

Mais on se comprenait, on était faits du même moule. J'aimais bien cette façon de ne rien dire, ou de ne pas dire grand-chose. Parce que quand tu l'ouvrais, ça avait du poids. Les silences étaient riches et forts.

Beaucoup plus forts que les paroles même.

C'est ça que j'aimais bien quand j'étais avec toi.

La veillée
Île de Ré, 12 avril

Il est bientôt minuit. On est le 12 avril.

Je vais donc attendre 3 h 19, le 13.

On a passé la journée avec Émilie, Josiane et Victor, à la Conche, comme aux plus beaux jours.

Je me suis baigné.

On a mis des fleurs et posé des photos sur le petit monument qui t'est consacré, dans le jardin. On a mis des bougies électriques, et à 3 h 19 on ira se recueillir.

Cette journée était particulière. Dès que je me suis levé, j'ai senti que ce serait une journée différente. Comme une célébration : les six mois de l'anniversaire de ta mort.

Il fait très beau à l'île de Ré. Il fait chaud, même pour un 12 avril. Victor dort dans la chambre du bas, celle de Mamy Gisèle. Émilie dort avec lui. Elle s'occupe bien de lui.

On va boire un petit peu, jusqu'à 3 h 19.

C'est une espèce de veillée funèbre.

Non. De veillée, tout simplement.

Me voilà dans le patio, devant la fontaine qui ne marche toujours pas.

Émilie est allée sur la place pour acheter des cigarettes. Elle a rencontré Bernard, tu sais, le patron de La Bazenne, qu'on est allés voir ensemble cet été pour qu'il t'engage comme barman, ou plongeur, ou serveur. Il était d'accord. J'avais vanté tes mérites, je sentais qu'il était prêt à te prendre.

C'était ton premier job. Ton premier petit job pour gagner un peu de pognon. Je voulais que tu prennes conscience de la valeur de l'argent, de ce que ça pouvait représenter, toutes ces heures de travail.

On était tous les trois, avec Bernard. Fin juillet ou début août. Tu étais un peu « le fils de » ton père qui allait te présenter à ton employeur, un peu gêné, un peu « Je suis capable de faire le boulot » et tu rigolais aussi parce que je faisais en sorte que ça se passe dans l'humour, comme d'habitude.

Émilie a vu Bernard ce soir, il était, d'après elle, bouleversé. Je pense qu'il t'aimait bien, je pense qu'il nous aimait bien, il a parlé de sa femme qui est morte d'un cancer.

Il a parlé de toi.

Je suis un peu fatigué. La journée avec Victor, ce petit gamin de quatre ans... Lever tôt. Toute la journée sur le pont avec lui. L'âge sans doute. Pas le sien, le mien. Enfin, les deux réunis. Les deux confrontés.

Je vais aller jusqu'au bout, jusque tard dans la nuit. Je vais t'accompagner jusqu'à 3 h 19.

Josiane et Émilie regardent la télé.

Je suis dans le patio.

Je vais envoyer un SMS à ta mère.

Maintenant il est 3 h 40. Le 13 avril. On est allés avec Émilie sur le petit monument au fond du jardin. On a chanté *Le Sud*. C'était très doux.

On va se coucher. Il y a deux petites bougies allumées, là-bas, au fond du jardin. L'une d'elles est électrique. Elle ne va pas s'éteindre...

Six mois.

Le lit de bougies
15 avril

Il est 3 heures du matin, j'aperçois au fond du jardin une lumière assez vive.

C'est le lit de bougies qu'Émilie et ses amis ont déposé dans un petit récipient contenant de l'eau, sur laquelle les bougies flottent.

J'ai éteint les lumières pour aller me coucher, j'ai aperçu cette lueur au fond du jardin. C'est comme un repère dans la nuit. Quelque chose de vif et je sais que c'est toi, c'est ton endroit. Quelque chose brille, existe, au bout de la maison, de ta maison. Ça prend une allure rassurante, je me dis que c'est un peu toi, là-bas.

Tu brilles toujours.

Ce soir, on a fait la fête à la maison. Beaucoup de tes copains de l'île étaient venus. Et après, quand les adultes sont partis, tous les jeunes sont restés à table, à discuter. Ça pleurait, ça riait. Tout le monde vidait son sac avec toi. C'était intense, c'était fort, c'était joyeux, c'était triste, c'était douloureux.

Il y avait de la révolte aussi.

Bernard Crombey, qui était là avec sa femme, est parti assez vite. On sentait qu'il était bouleversé de voir ces jeunes qui avaient envie d'en découdre avec toi, avec ta mémoire, avec la vision de leur propre mort aussi, de leur propre précarité.

Et cette petite lumière toujours aussi vive au fond du jardin.

Ça me démonte, cette lumière. Tu sais, c'est comme un film fantastique où il y aurait une apparition au fond du jardin. D'où vient cette lumière ? Qui est-elle ? Qui l'allume ?

Eh bien, c'est toi, cette lumière. C'est celle qu'on a disposée, qu'on a organisée. Elle brille toujours.

C'est le petit monument à la mémoire de Ferdinand qu'on a mis au fond de ton jardin.

Ça fait vraiment chier.

L'audition

Paris, 19 avril

Hier je suis allé à l'audition du cours d'Eva Saint-Paul, où j'étais allé l'année dernière pour te voir triompher.

Eva a fait un très beau discours. Parce que c'était une soirée qui t'était dédiée. Chaque année, les auditions ont un thème. Cette année, le thème, c'était toi, c'était « Ferdinand ». Eva a parlé de toi très joliment. Elle a dit que tu étais éblouissant. Que probablement les dieux étaient jaloux de tous tes dons, c'est pour ça qu'ils t'avaient rappelé à eux. Que tu avais, aussi, un caractère bien trempé.

J'ai filmé un peu tout ça pour le document que je prépare sur toi…

Ce matin, j'ai eu Julian Schnabel qui m'a annoncé que son film, *Le Scaphandre et le Papillon*, que j'ai tourné avec lui juste avant que tu meures, était sélectionné pour Cannes en compétition. Je te rappelle que ce film, il t'est dédié.

Tu vois, tous les honneurs…

Les auditions du cours d'Eva Saint-Paul étaient assez brillantes, comme toujours. Après, on a bu un peu de champagne. Je me suis attardé avec un peu tout le monde, tous ces jeunes visages que je commence à connaître maintenant, je les fréquente depuis un certain temps.

Aujourd'hui je monte le film sur toi avec Sophie, tu sais, qui avait monté *Charmant garçon*. On travaille du matin jusqu'au soir, on visionne des images que je n'avais pas vues depuis très longtemps ou que je n'aurais peut-être plus jamais regardées si tu étais encore là.

Où tu étais tout petit, en Afrique, aux États-Unis, à Chevreuse, à l'île de Ré, à l'île d'Yeu...

Tu sais comment c'est avec les caméras, on appuie sur le bouton, on filme ses enfants qui grandissent, on les filme en vacances, on les regarde une fois en rentrant, et puis après on passe à autre chose, et il y a toujours un film qui chasse l'autre.

Là, je me suis replongé dans ta vie.

C'est un peu éprouvant de voir ce petit garçon si joli qui n'est plus là. Je passe six à sept heures par jour avec toi. C'est pas mal, je me sens bien. C'est un moment important de ma vie, plutôt bien.

Quand il faut refermer le livre d'images vers 18 h 30 le soir, j'ai un coup de bambou quand même.

Toute cette vie qui s'est stoppée net. Net, c'est le mot.

Ce que j'aime bien dans ce montage, c'est ce travail où je trie, je sculpte, je prends toutes les images de toi.

Et c'est un travail de grande fusionnalité – ça se dit, ça ?

C'est un vrai film, pas une compilation de souvenirs de vacances. J'essaie d'extirper le substrat, le meilleur de ce que je crois être toi.

Je fais corps avec toi, et comme je suis un artiste, je fais aussi un film.

Avec un matériel qui est ce qu'il est, qui est pour moi le plus précieux au monde puisque c'est toute ta vie. Une toute petite, infime partie de ta vie, mais qui a été enregistrée.

Et cette intimité avec toi pendant toutes ces heures laisse des traces. J'aime bien les traces qu'elle laisse.

C'est une douleur… mais aussi un bonheur puisque je suis avec toi.

Je te raconte
Paris, 23 avril

Hier c'était le premier tour des élections pour la présidentielle. On était tous réunis. Il y avait Adrienne, Émilie, des copains, on a regardé en direct les annonces, les estimations et les débats qui ont suivi. Moi, j'avais les résultats à 18 h 22, c'est une amie qui me les avait envoyés, elle savait par un journaliste.

Est-ce que tu te serais intéressé à cette élection ? Je pense que oui, je pense que tu aurais voté Ségolène, enfin je ne veux préjuger de rien. On ne peut pas dire que c'est fait, mais dans quinze jours c'est le deuxième tour, et Sarkozy m'a l'air bien armé pour emporter le bingo.

Je me suis promené dans les rues après, il faisait très chaud. C'est quasiment l'été, là. On est allés sur ta tombe, ce matin, et il faisait tellement doux, c'était tellement luxuriant, tellement scintillant, la lumière si vive, la belle lumière du mois d'avril quand il fait beau au mois d'avril...

Le beau temps me crucifie, je m'en doutais. Maintenant j'en suis sûr.

Et puis hier, je suis allé rue de Solférino, c'était la fête, il y avait un orchestre sur une estrade, plein de jeunes qui dansaient, qui manifestaient, qui s'amusaient, les supporters de Ségolène Royal, rue de Solférino, à côté de chez moi, de chez nous, il faisait chaud. Ça me rendait triste, tous ces jeunes qui manifestaient, enfin j'étais content pour eux, même si l'issue était très incertaine pour Ségolène, mais je me suis dit que tu aurais sûrement été faire un tour là, avec eux. Peut-être que je t'aurais emmené, si t'avais été là, à l'intérieur du Parti socialiste comme j'avais fait la dernière fois avec Bernard. On était allés faire un petit tour...

Peut-être que je vais te raconter au cours de ce journal tous les événements que tu rates : la campagne présidentielle, les débats, l'engouement des Français. Je suis sûr que tu aurais voté, tous les jeunes ont voté, tout le monde est allé s'inscrire. Toi, tu étais déjà inscrit, je sais que tu avais voté aux européennes, il y a trois ans, je pense que c'était oui, j'en suis même sûr.

Ta tombe est maintenant un jardin fleuri, la chaleur, la lumière, les lilas pas loin, une sorte de pommier japonais, toutes fleurs dehors…

J'ai vu aujourd'hui le film dans lequel tu as une toute petite participation, tu sais, celui où l'on te voit simplement en photo, où tu es censé faire moi jeune. *Héros* est un très beau film, très particulier, très atypique. On te voit au début. Et à la fin, il y a marqué : « En souvenir de Ferdinand. »

Ce film a été sélectionné pour Cannes, c'est le deuxième film sélectionné après celui de Schnabel, *Le Scaphandre et le Papillon*, et Schnabel va te le dédicacer, lui aussi. Ces deux films te sont dédiés, et ces deux films vont à Cannes. Est-ce que c'est un signe ? Non, sûrement pas, c'est le hasard. Et les metteurs en scène se sentent solidaires : Julian Schnabel a un fils de vingt ans aussi, il me l'avait présenté le dernier jour de tournage.

Les deux metteurs en scène étaient là à ton enterrement.

Je te raconte. Je ne sais pas si je le raconte bien, mais je ne veux pas que tu nous perdes de vue, ne serait-ce qu'une seconde.

On se tient au courant.

Rue de Bellechasse, 27 avril

Aujourd'hui, on est allés à Jouy-en-Josas faire des photos pour le film que je vais tourner au Liban. Je regardais l'herbe verte, j'ai pensé à toutes ces heures que nous avons passées à Chevreuse, dans la piscine, dans le jardin, à jouer à l'Ogre, à jouer au Fugitif, à nos balades dans la forêt, parfois tu traînais un peu les pieds, souvent la tête en l'air, dans les étoiles, et puis ce rire…

J'ai beaucoup pensé à ça, je suis rentré rue de Bellechasse, j'étais tout seul, personne n'était là, je ne suis allé dîner chez personne.

Ton absence était très présente ce soir.

Est-ce que je peux dire ça ? Je le dis.

Je suis tout seul dans cette rue de Bellechasse. Parfois je me dis qu'il faudrait qu'on aille peut-être s'installer ailleurs, un endroit avec un peu plus de soleil, un peu plus grand, mais quelque chose m'accroche là parce que c'est là où tu es venu souvent dormir, c'est là où on a fait des fêtes, c'est là où on a regardé le match du dimanche soir tous les deux. C'est là où tu venais quand je n'étais pas là, avec tes copains, faire du rap, vider mes bouteilles, ou déconner.

T'aimais bien la rue de Bellechasse. T'aimais bien venir de chez toi pour t'installer ici ou pour dîner ici. Je voyais ta grande dégaine arriver au fond de la rue, toute souriante, ou alors tu sonnais à la porte, t'avais ton air innocent, content. Content de me voir tout simplement, content que je sois content que tu sois content de me voir.

Je vais prendre ce qu'il faut pour dormir parce que ce soir la vie est compliquée.

Hier le petit Martin est mort.

Il allait avoir treize ans.

Le petit Martin, c'est le fils de Gilles, le compagnon d'Odile. Odile qui est la mère de Victor.

Lui non plus n'a pas eu de chance. Il a lutté pendant presque deux ans.

Vous êtes morts à six mois de différence, pratiquement.

Le frère de Victor et le beau-frère de Victor ont disparu à six mois d'intervalle. Victor est très préoccupé par ta disparition. Quand il est venu ici la dernière fois pendant les vacances de Pâques, il est allé sur le petit monument au fond du jardin pour te voir, il voulait aller dans ta chambre, où il a dit que tu ne reviendrais plus parce que tu étais mort, que c'était la chambre de Ferdinand.

Il a écrit ton nom sur la plage, sur le sable. Je crois que ça le travaille pas mal.

Et puis maintenant il y a Martin.

Qu'il connaissait probablement un peu plus que toi, même si ce n'était pas son frère. C'est toujours pareil, on se dit qu'on a toute la vie…

Je me rappelle, tu lui faisais un peu peur, à Victor, parce que tu es grand, et il avait peur des grands garçons. Il vous fallait toujours un petit moment d'adaptation, à tous les deux.

Tu lui faisais peur parce que t'étais grand, mon grand.

C'est comme ça.

Mais très vite, ça s'arrangeait, et tu t'occupais bien de lui parce que tu adorais les enfants, tu adorais les petits, ça a toujours été ton truc. Tu jouais avec lui au foot, vous discutiez devant la télé, tu le faisais jouer. La vie faisait que vous ne vous voyiez plus pendant un mois ou deux mois. Tout ça était vaguement oublié. Même si ça avait été très précieux. Je crois qu'au final vous vous êtes quand même passés un peu à côté. Vous n'avez pas eu le temps de faire plus amplement et plus profondément connaissance.

Victor aura eu un frère qu'il n'aura pas vraiment connu. Je pense qu'avec le temps, quand il aura quinze, vingt ans, il se souviendra peut-être vaguement d'un grand garçon qui lui faisait un peu peur, au début, et avec lequel il jouait au foot, avec son père, sur la Conche, à l'île de Ré. Ce sera flou, imprécis. Mais il verra les films, il verra le bouquin, il verra les photos, il entendra ce qu'on lui dira.

La disparition de son frère alors qu'il était tout petit, même si vous vous êtes effleurés, ça va compter dans l'histoire de sa vie.

Tu étais content d'avoir un frère, un petit frère. Ça non plus, ça n'aura pas duré longtemps.

Je m'agite

Je m'agite, je m'agite beaucoup, je sais que maintenant mes jours sont comptés, je ne veux pas en perdre une miette, je veux surtout qu'ils servent à quelque chose, je ne veux pas me laisser dorer la pilule au soleil, ou ne rien faire, regarder le ciel, les arbres, la télé, ou simplement me promener au bord de la mer.

Non, je veux agir, je veux peser.

Alors je m'agite. Est-ce que je m'éparpille ? Est-ce que je me confusionne ? Je travaille sur ton bouquin, je travaille sur le montage avec Sophie Imbert, je pense à ton association, j'appelle les avocats pour savoir comment évolue l'enquête judiciaire sur l'accident, que faut-il faire avec les médias, puis je reviens au bouquin, je corrige, j'écris, j'en parle avec Josiane, et puis j'ai des idées pour le montage, je fais du vélo mais sans regarder le ciel, sans penser à des choses frivoles. Je pense au montage, au film que je vais faire et vite, il faut se dépêcher, déjà l'après-midi est passé, il me reste peu de temps, je n'aurai pas fait ce que je voulais faire encore aujourd'hui, m'occuper de toi, m'occuper de toi à tout prix.

Et l'association ? Et les scénarios ? J'en ai déjà écrit deux pour l'association.

Et puis il y a le métier. Un rendez-vous avec l'habilleuse, un autre avec la maquilleuse, et apprendre des chansons, il faut que j'apprenne des chansons, que je travaille des chansons pour le film du Liban.

Je pars dans tous les sens, j'explose, je sais plus où donner de la tête mais je garde le cap.

Le cap c'est toi.

Trop d'amour

Parfois je me dis que tu es mort de l'amour.
Peut-être es-tu mort de l'amour.
Il y avait trop d'amour en toi.
L'amour peut tuer.

Beyrouth
Mai

Je suis à Beyrouth. Je vais passer une semaine à Beyrouth. C'est bien Beyrouth, parce que c'est une grande ville méditerranéenne du Sud et je pense à toutes les grandes villes du Sud qu'on a visitées : Palerme, Marrakech, Naples, Casablanca, Héraklion, Syracuse…

J'ai une impression de calme et de sérénité. Ce n'est pas du tout perçu comme ça à Paris où tout le monde m'a dit : « Oh là là, tu vas à *Beyrouth*, oh là là ! » En plus, tout est en français. On peut lire en français, demander son chemin en français.

Je suis dans ma chambre, je regarde France 2, tu vois, à Beyrouth. En France, c'est la campagne présidentielle. Il y a une émission politique.

J'ai regardé attentivement toutes les photos de vacances que j'ai apportées avec moi. De cet été notamment. Ça me fait du mal, ça me fait du bien, comme d'habitude.

On sent qu'il y a une culture très française à Beyrouth. Ce soir au restaurant, on a parlé des problèmes français, du cinéma français, de la télé française, comme si on était à Marseille ou à Perpignan.

Je suis loin, très loin de chez moi, dans un pays en guerre quand même. Plus ou moins.

Je ne sais pas comment je dois envisager les voyages à l'avenir, dans les grandes capitales du Sud ou d'ailleurs.

Je n'irai plus jamais en vacances.

J'irai simplement me réfugier dans ma maison à l'île de Ré. C'est ma maison. C'est ta maison.

Ça me fait du bien quand je t'écris, quand je te parle, je n'ai plus rien à dire d'autre.

Mais je t'ai parlé, donc ça va.

Dans les limites du genre.

Nuits de Beyrouth
3 mai

Je suis dans les nuits de Beyrouth, le centre du monde.

Je pense à toi tout le temps.

Ce monde qui t'a été retiré.

Je suis inconsolable et triste.

On est allés dans un grand théâtre avec des gens qui dansaient partout et des groupes qui se succédaient sur scène. C'était magique, c'est du rock oriental. Ce sont de très bons groupes. Il y a tout l'Orient mélangé à l'Occident.

Enfin, Beyrouth, quoi.

On aurait dû plus sortir ensemble dans les villes, dans toutes les villes qu'on a visitées, mais j'étais trop parent. Je me disais que quand tu sortais, c'était avec tes copains, qu'avec ses parents on dînait, on discutait et puis après on se couchait tôt en principe. On n'allait pas en plus aller dans les boîtes. Si, on y est allés une fois à Marrakech, et puis une fois en Crète. Mais à mon avis ce n'était pas assez.

Je sais que t'aimais bien les endroits de nuit et je regrette de ne pas t'y avoir emmené plus souvent dans nos voyages.

Il y a un film avec Nicolas Cage à la télé. Sur Canal Plus. Je suis à Beyrouth mais ils ont Canal. Je viens de me rendre compte d'un truc, c'est que les films là, avec Nicolas Cage sur Canal, je m'en tamponne le coquillard mais à un point... Il y a quinze ans déjà, c'était limite, maintenant c'est fini. Il y a le désert, il y a des *Marines*, il y a Nicolas Cage. Des explosions, des effets spéciaux, des voitures qui crament.

Sinon ?

Enfin j'espère que tu ne l'as pas vu, ce film avec Nicolas Cage. Que tu ne t'es pas fait chier à regarder ça.

Alors, il y a eu un débat avec Ségolène Royal et Nicolas Sarkozy hier. Ça c'est un événement. Vingt millions de spectateurs. La finale de la Coupe du monde, quoi.

Lui camelot, vendeur de cravates, représentant en toits ouvrants. Chef de rayon chez Darty. Performant. Impeccable. Il t'emballe la camelote vite fait bien fait avec option sur six mois sans augmentation du prix d'achat. Et tutti quanti.

Elle, c'est plus de la gauche pure et dure.

Elle, c'est plus pour les femmes, les pauvres, les démunis, les handicapés. Lui est plus pour la rentabilité, faire monter le pays au top de façon à ce que tout le monde en profite.

Enfin, la gauche contre la droite.

Je vais arrêter Nicolas Cage, j'en ai marre.

J'ai beaucoup pleuré ce soir, dans la boîte. Personne ne me voyait, c'était dans le noir, la lumière était sur scène.

Beaucoup.

Beaucoup pleuré.

Chez le juge
10 mai

Cet après-midi, ta mère et moi, on était convoqués par le juge d'instruction. On a été confrontés avec le conducteur, et puis avec celui qui était venu d'en face, celui qui était dans le bon sens de circulation, celui que ton conducteur a percuté, celui qui t'a tué en quelque sorte. Aussi. Mais il n'y était pour rien, lui.

Au cours de ces trois heures éprouvantes, ta mère a très bien parlé de toi, de l'impossibilité que son fils – elle connaît son fils – ait voulu faire une roulette russe, ait voulu même avec l'ivresse se livrer à un rodéo sur le sens inverse du Périphérique. Les soupçons pèsent toujours, puisque le flic a définitivement soutenu que la pièce que vous jouiez pouvait avoir eu une grosse influence sur vous. Le juge d'instruction a dit qu'on ne saurait jamais exactement la vérité, que c'était à peu près du cinquante-cinquante, et que le doute devrait toujours bénéficier à l'accusé.

L'accusé, c'est le conducteur.

Mais pour moi il n'y a aucun doute.

Je sais qu'à aucun moment tu n'as voulu mourir.

Je sais qu'à aucun moment tu n'as influencé le conducteur, qui, sous prétexte d'ivresse ou d'illumination mystico-je-ne-sais-quoi, aurait décidé d'aller en découdre sur le sens inverse du Périphérique.

Non.

Je crois tout simplement que ce soir-là, tu as voulu te péter la gueule, « faire les bars » comme je dis. Là, c'était une bouteille de whisky que vous avez bue à deux sur la passerelle Solférino. Et après, le conducteur ne savait plus où il était. Il a quand même pris la bagnole ce connard. Il avait un gramme soixante-huit d'alcool dans le sang.

Vous vous êtes dirigés vers la porte d'Orléans où habitait une de tes copines, Maureen, à qui tu as téléphoné un certain nombre de fois et qui t'a répondu qu'il était trop tard, qu'elle voulait dormir. Alors, vous avez décidé de bifurquer pour rejoindre un autre copain, Jérémie, qui a accepté que vous veniez boire un verre chez lui. Il habite à côté de la porte de Champerret. Tout ça me paraît cohérent, clair. Il n'y avait pas de volonté d'aller sur le Périphérique pour foutre le bordel.

Dans le chemin logique que vous suiviez pour aller porte de Champerret, l'entrée du Périphérique se situait porte de Sèvres. J'ai reconstitué votre parcours, c'est exactement ce que j'aurais fait.

Vous vous êtes retrouvés devant la porte de Sèvres, devant la sortie de la porte de Sèvres que vous avez prise pour une entrée, parce qu'il n'y avait pas de sens interdit. Dans le rapport de police, il est écrit : « Homicide involontaire ayant entraîné la mort de Ferdinand Chesnais, mise en danger de la vie d'autrui, par prise de sens interdit. »

Sauf qu'il n'y avait pas de sens interdit. C'est énorme. J'y suis allé le soir même, il n'y en avait pas.

J'ai refait le parcours. Cette sortie, elle vous tendait les bras, délestée de ses sens interdits. Plusieurs personnes m'ont appelé, dont Laure Adler qui m'a dit qu'elle aussi avait été piégée. C'était dans la journée, elle n'avait pas pris de whisky. Et elle s'est fait piéger.

Vous êtes entrés par cette porte-là puisque les témoignages des automobilistes qui vous ont croisés sur le Périphérique commencent à cette porte, il n'y en a pas avant, et que les bornages des téléphones portables suivent exactement cette trace.

Bien sûr, personne ne vous a vus prendre la mauvaise bretelle. Alors, le juge d'instruction dit : « S'il y a un doute, il doit profiter à l'accusé. » À l'accusé, au conducteur donc. Pour lui ça va aller.

Et l'autre accusé, c'est la Ville de Paris ou la société responsable de l'affichage des panneaux. Et pour eux, soi-disant ça va aller aussi.

Mais moi je veux pas que ça aille.

Moi je veux pas que ça aille du tout pour eux.

Ni pour le conducteur.

Et encore moins pour eux.

Je veux qu'ils répondent de leurs actes. Je veux qu'ils soient confondus par la justice.

Avec mon avocat, on va aller jusqu'au bout.

C'est comme ça, c'est pour que justice te soit rendue, c'est pour que la vérité soit faite, c'est pour qu'au moins cette justice-là te soit rendue et que ce piège, ce guet-apens ne reste pas impuni.

Les fourmis

Tout en écrivant, malgré l'interprétation burlesque des flics, je sais que tu n'as pas voulu te mettre en danger, Ferdinand. Parfois je me demande si ça n'aurait pas mieux valu.

Peut-être ça aurait eu un sens, peut-être ça n'aurait pas été le hasard, ç'aurait été ta volonté, peut-être que tu n'aurais pas été une fourmi sur laquelle on marche par inadvertance.

Parce qu'il n'y avait pas de sens interdit, et puis parce que la voiture qui est arrivée en face de vous, au lieu de choper l'aile gauche, a chopé l'aile droite.

L'aile droite, c'est là où t'étais.

On est des fourmis, c'est bien ce que je pense.

La Justice

Mon fils…

Je suis sorti du Palais de Justice, j'ai marché un peu avec ta mère le long des quais de la Seine, il faisait doux, la lumière de fin d'après-midi était belle…

Pendant trois heures, on avait parlé de toi. Chacun avait dressé un portrait de toi. Ta mère, moi, le conducteur d'une autre façon, parcellaire, qui était la sienne.

Et puis la Justice.

La Justice ne voit que les faits, c'est une machine sans âme, sans affect, elle applique la loi. Cette collision entre ce qu'on sait de toi, Coralie et moi, notre amour pour toi, et cette machine implacable et froide était déconcertante.

Et cruelle aussi.

Ta mère et moi nous étions les détenteurs de ta vérité, de ta mémoire, de ton souvenir, de ton âme. En face, le juge d'instruction, la greffière, les avocats, le conducteur aussi qui te connaissait peu finalement même s'il t'aimait beaucoup. Tous ces inconnus qui se penchaient sur ton cas.

Inconvenant.

Il y a un abîme entre la vérité et la justice. Je l'ai compris aujourd'hui.

Notre connaissance intime de toi fait que la vérité apparaît.

Les témoignages fragmentaires de gens qui te connaissent à peine, qui t'ont croisé l'espace de quelques représentations, l'avis d'un policier qui ne t'a jamais vu, les quelques références que peut avoir le juge d'instruction en la matière, font aussi office de vérité.

Je dis bien office. C'est-à-dire rien.

La vérité est évidente, aveuglante. Mais elle n'est pas partagée. C'est une petite souffrance de plus.

Ce n'est pas la plus importante.

Mais elle compte.

Tes quatorze ans
Paris

On est dans la nuit du 12 au 13 mai.

Le mois de mai est vraiment très beau. Sauf peut-être aujourd'hui où il faisait un peu plus froid.

Il est 3 h 18. Dans une minute, tu es mort il y a sept mois.

J'ai envoyé un texto à ta mère. Comme tous les mois à la même heure.

Je suis allé prendre un pot avec elle et Yvan l'autre fois, le soir du juge d'instruction. Il faisait assez doux… Une terrasse… J'ai bu une ou deux bières. C'était bien d'être avec ta mère. Dans ton quartier.

C'était dans le restaurant où on avait fêté tes quatorze ans. Tu m'avais piqué ma casquette. Et tu t'amusais à l'envoyer à tes copains, moi j'essayais vainement de la rattraper. Je considérais que mon autorité de père était bafouée. J'avais l'impression que tu te foutais de ma gueule. À quatorze ans. J'avais été un peu déstabilisé. Tu hurlais de rire quand je n'arrivais pas à rattraper ma casquette, tu te foutais de moi… Je me souviens de tes quatorze ans à cause de ça, aussi.

Et puis ce petit restaurant… C'était pas une grande table mais c'était un restaurant dans ton quartier. On avait fait ça avec ta mère, et puis un copain à toi.

J'avais mal à l'estomac ce jour-là.

Il est 3 h 19. Presque 20.

Je suis dans ta chambre à l'île de Ré. Rien n'a changé. Je vais aller lentement me coucher. Doucement. Un petit coup d'œil sur le monument au fond du jardin et hop, au lit.

Ta sœur est en bas dans la chambre d'amis. Elle a voulu se rapprocher de moi. Tu lui manques trop là-haut à l'étage. Ta grande sœur prend toujours des somnifères et beaucoup de tranquillisants pour dormir, sinon ça ne marche pas.

Il va falloir que je l'aide, il va falloir qu'on l'aide de toutes nos forces, j'espère que ça va lui donner de la force justement.

Pour sa vie plus tard.

Je pense à toi mon grand.

Sept mois.

Merci

Merci.

Merci mille fois Ferdinand de m'avoir tellement éclairé sans le savoir toi-même sur ce mal d'estomac impitoyable, et récurrent. Grâce à toi j'ai senti que ce n'était pas simplement une faiblesse organique, mais qu'il y avait une corrélation psychologique, qu'il fallait travailler là-dessus et que ça pouvait s'arranger.

Merci.

Quel aveuglement ! Pourquoi est-ce que je ne m'en suis pas préoccupé plus tôt ? Pourquoi est-ce que je n'ai pas pris les choses à bras-le-corps avec toi, avec moi, tous les deux ensemble, pour affronter cette espèce de mal total qui nous rongeait par moments ?

Quel aveugle j'ai été.

Cannes, 23 mai

Je suis au Festival de Cannes.

Je me souviens que je t'avais écrit de Cannes quand j'étais venu au mois de décembre dernier pour jouer *Une heure et demie de retard*.

Je t'avais parlé du vieux port, des petites rues, que ça allait être l'hiver pour moi aussi, qu'il faisait doux.

Je suis de nouveau à Cannes tu vois, une troisième fois. Je suis venu la semaine dernière pour *Héros*, le film de Bruno Merle, et là je reviens pour celui de Julian Schnabel, *Le Scaphandre et le Papillon*, c'est le dernier film que j'ai tourné avant ta disparition.

Julian Schnabel a obtenu le prix de la mise en scène. Au générique de fin, la dédicace commençait par toi, dans cette grande salle du palais du Festival. « À Ferdinand Chesnais. Vingt ans. »

Samoëns, 28 mai

On est le 28 mai.

Je suis en Haute-Savoie à Samoëns. On n'a pas tourné, il a plu toute la journée.

Je voulais dire simplement que plus ça va plus je me sens proche de toi. Plus je te découvre, plus je te reconnais.

J'ai fait beaucoup de rencontres depuis quelques jours entre le Festival de Cannes et le tournage, et j'admire, j'admire ta dégaine, j'admire ta gentillesse, j'admire ton regard sur les autres, j'admire ton écoute, j'admire ton don d'enfance, j'admire ton intégrité. J'admire ta façon de ne pas la ramener, j'admire ton incommensurable drôlerie.

J'admire ta bonté.

Je t'admire en gros.

Et j'admire aussi la force que tu m'as donnée.

Quand le monde tournait vain, bruyant, tu étais toujours dans le juste. Avec tous tes étonnements d'adolescent ou de jeune adulte. Toutes tes interrogations. Tu étais vraiment dans le juste. Dans la profondeur, dans une vérité qui est très dure à reconnaître et à déceler dans le monde qui bruit autour de nous.

Aujourd'hui tu as été très présent avec moi, peut-être parce qu'il pleuvait, parce que j'ai attendu de tourner toute la journée, parce que je dirais presque que je n'avais que ça à faire. Peut-être. Je pense aussi à toi quand j'ai beaucoup de choses à faire, mais là, ça prend beaucoup de place, ça dépasse la ligne jaune.

Et puis ce soir au restaurant, toutes ces conversations, ce rien, ce bruit.

Je pense à toi dans ces cas-là, je pense à ta justesse, je pense à ta poésie.

Dans le sens, reproduire les vraies couleurs du monde par son regard ou par sa présence.

La Saint-Ferdinand
Paris, 30 mai

Aujourd'hui c'était la Saint-Ferdinand, Ferdinand.

Je suis revenu à Paris. J'avais un jour d'arrêt, j'ai pu aller sur ta tombe.

J'ai appris que c'était ta fête aujourd'hui par Émilie qui m'a envoyé un texto ce matin, quand je me suis réveillé. J'allais passer à travers. Aussitôt j'ai alerté tout le monde par SMS, beaucoup le savaient déjà. Ils m'ont tous répondu.

J'ai posé quelques fleurs au cimetière, des hortensias, je crois. J'ai choisi ça parce que je me rappelle qu'à l'île d'Yeu, il y avait des hortensias et des dahlias dans la petite cour de ta grand-mère Nelly. Sur certaines images que j'ai retrouvées et dont je me sers pour le film sur toi, on aperçoit des hortensias et des dahlias… Je sais aussi que tu aimais bien cette île d'Yeu, même si tu l'avais un peu délaissée pour l'île de Ré. Dans ta petite enfance, tu avais fait beaucoup de longs séjours à l'île d'Yeu, pendant les vacances.

Et je me rappelle ta mère enceinte à l'île d'Yeu, assez considérablement puisque ça devait être le sixième mois. On regardait la Coupe du monde de 1986, on avait loué une télé et on a vu tous les matchs de la Coupe du monde ou presque, elle les regardait tous, avec son gros ventre. C'est toi qui étais à l'intérieur. Peut-être entendais-tu déjà les vibrations des stades, étais-tu déjà sensible aux clameurs des matchs…

On va organiser un match de foot, cet été, à l'île de Ré.

Ton club à Paris, le PO, a appelé, ils veulent aussi organiser un match. Ton équipe que tu avais légèrement abandonnée. « Pas la force. Trop fatigué », disais-tu.

On est le 30 mai. C'était ta fête. La Saint-Ferdinand.

Drôle de prénom. Prénom drôle. Que tu n'aimais pas tellement quand t'étais petit, tu nous reprochais même de t'avoir appelé comme ça. Ce drôle de prénom qui t'allait si bien pourtant.

Parce que c'était un prénom un peu différent. Un peu comme toi peut-être. Et puis quand tu as grandi, non seulement tu t'y es fait, mais tu le revendiquais. Je crois que tu étais fier de porter ce prénom. Il était totalement indissociable de toi.

Non, Ferdinand c'était bien.

À plus, saint Ferdinand…

High Shoes
Beyrouth, 9 juin

Je ne t'ai pas écrit depuis longtemps, Ferdinand, je n'ai pas eu le temps. Depuis la Saint-Ferdinand, je ne t'ai pas écrit. Je me suis beaucoup agité. Je suis au Liban, là, à Beyrouth.

Je commence à tourner demain.

Entre-temps, ta sœur a fait un spectacle, qu'elle a mis en scène au Ciné 13, et qui d'une façon secrète te rendait hommage : *High Shoes*. C'était une évocation de toi très fine, très détournée, pas frontale donc beaucoup plus forte. Une évocation.

C'était très beau ce spectacle. Je l'ai vu trois fois. J'ai pleuré les trois fois, je n'étais pas le seul. Émilie sur scène t'a imité, elle a mis ton chapeau, ta veste.

Je n'étais pas très bien ces temps-ci. C'est parce que je ne t'écrivais pas, je n'avais pas le temps.

J'ai emporté avec moi le bouquin, tout ce que j'ai déjà écrit, et je vais profiter de ce que je suis tout seul pour me concentrer sur l'écriture. Je n'ai qu'à tourner si je peux dire, je n'ai que ça à faire. Ma chambre est grande, un peu comme un appartement. Je vais marcher de long en large comme j'ai besoin de le faire. Je suis content, ça me réjouit.

Je vais faire remonter tous les souvenirs, parler des images que j'ai visionnées, la fête du 25 septembre avec Simon, il y avait des belles blondes, des belles brunes, t'étais un peu fait. Sur les images, tu m'as l'air même bien fait mais tu n'étais pas le seul… Ce sont les dernières images qui ont été tournées de toi, c'était quinze jours avant ta mort. Tu es un beau jeune homme, romantique, un jeune homme d'aujourd'hui, qui aime la fête. T'étais bien avec les filles, t'aimais bien ça les filles, elles aussi t'aimaient bien, je crois.

Ça se voit.

Oui, je vais piocher dans ta petite enfance, dans ton adolescence, dans ton enfance moyenne, je voudrais être ta mémoire.

L'écrire, le coucher sur le papier.

Que ça s'efface jamais.

Tu m'aides, Ferdinand
Beyrouth, 10 juin

Tu m'aides, Ferdinand. Tu es une vigie. Tu veilles.

Ce soir je suis dans un restaurant sur une terrasse très belle, comme à Naples, comme à Héraklion, comme à Syracuse. Il fait chaud, très chaud, je suis le dernier attablé du côté de la rue, j'ai les bras qui dépassent de la rambarde, et au milieu du caquetage, des vérités premières, des idées reçues mollement, je regarde dans la rue, je te vois marcher, tu me fais un signe, tu m'appelles, tu me dis : « Viens, viens là, viens avec moi un petit peu, c'est plus intéressant. C'est mieux. »

C'est beaucoup mieux, sans comparaison aucune, Ferdinand. Ce qui est important c'est l'enfance brisée, le rêve brisé, l'avenir qui n'est plus là. Je te vois traverser la rue, peut-être me regarder, éclater de rire, avec ton chapeau.

Je me sens balayer les choses secondaires et futiles, et, pardon Ferdinand, mais grâce à toi, souvent je me sens mieux.

La douleur m'aide à être mieux, la douleur m'aide à supporter, elle m'indique où il faut aller, la douleur me montre la vérité.

05/10/86

Je me suis servi des chiffres de ta date de naissance pour la combinaison du coffre de ma chambre. Aujourd'hui je me suis un peu mélangé les ballons, je n'arrivais plus à ouvrir le coffre : au lieu de 05/10/86, j'ai composé 10/05/86. Enfin je m'en suis sorti quand même. Maintenant, ces chiffres de ta date de naissance vont m'être familiers, c'est le code secret que je donnerai dorénavant aux fermetures de coffres, aux portables, ou autres…

À chaque fois que je fais ce « 05/10/86 » du coffre, de ce petit coffre-fort où je mets les caméras et les dollars et tout ça, j'ai un petit pincement au cœur, c'est nouveau. Avant c'était plutôt « 18/03/46 », ma date de naissance. Je la connaissais par cœur, ça allait vite. La tienne je la connais mais pas autant par cœur que la mienne, il faut que je réfléchisse un petit peu à chaque fois. Maintenant ça y est, je m'y suis fait, je ne réfléchis plus, c'est devenu presque automatique. Mais ça me fait un petit friselis, ces nouveaux chiffres.

Ce sont les tiens, ce sont tes chiffres à jamais. « 05/10/86 ». J'ai l'impression que c'est une partie de toi. Dont je me sers.

Ça me trouble.

Oui ça me trouble.

Pinocchio
11 juin

Beyrouth, au Liban.

C'est toujours un peu la guerre ici.

Je me souviens. J'essaie de faire le point de ce que j'ai entendu sur toi dans ces fameuses interviews que je fais pour mon film.

Quelqu'un fait allusion à James Dean, en disant que James Dean, au moins, on en a profité. Quelqu'un parle de ta ressemblance avec moi, ça me flatte. Je suis flatté qu'on dise que je te ressemblais.

J'essaie d'extraire un maximum de souvenirs du temps où tu étais petit.

J'ai du mal.

C'est comme un puzzle, où des phrases jaillissent, des pleurs, des matchs de foot, des rires…

Quand vers cinq-six ans, tu as dit à ton copain Jonathan, en regardant à la télévision des pubs pour des sous-vêtements portés par des mannequins : « C'est marrant, à chaque fois que je regarde des filles à la télé, mon zizi il se met tout droit. »

Ça a beaucoup fait rire Jonathan, qui s'en souvient. C'est la première chose qu'il a dite quand je l'ai interviewé il y a quelques mois. Jonathan, ton grand ami d'enfance, qui donnait de violents coups de poing dans les murs de l'Institut médico-légal en criant entre deux sanglots : « Mon pote, mon pote ! »

Je me souviens aussi que ta mère et moi, on t'avait beaucoup parlé de Pinocchio. On t'avait expliqué que, à chaque fois que Pinocchio mentait, son nez s'allongeait. Un jour, c'était l'heure de ton bain, ta mère t'avait mis dans la baignoire et elle avait entendu des appels : « *Maman ! Maman !* »

Elle était accourue, un peu inquiète. « Oui, qu'est-ce qu'il y a ? » Et, tout étonné et content à la fois, tu lui avais dit, d'une voix claironnante : « J'ai le zizi qui ment ! »

Les courses à l'île d'Yeu
Beyrouth, juin

Je me souviens que tu aimais bien aller dans les magasins tout seul, quand tu étais petit. Je me souviens qu'à l'île d'Yeu, tu allais m'acheter le journal tous les matins. Tu te levais avant moi parce que je me couchais beaucoup plus tard que toi, tu venais me demander un peu d'argent pour aller tout seul à la Maison de la Presse, tu avais quatre ou cinq ans peut-être. Tu aimais bien faire les courses. Tu aimais bien donner de l'argent, reprendre la monnaie et revenir triomphant à la maison en brandissant le journal, ou la bouteille de Coca, ou le paquet de Nesquik.

Je me souviens que, plus tard, tu aimais bien aller à la rencontre des gens, demander des renseignements, aller acheter des cigarettes pour ton père, chercher où pouvaient bien être passés nos bagages, à l'aéroport de Naples ou ailleurs, ce qui rompait souvent avec une nonchalance, une propension à la rêverie, à la contemplation. Parfois tu regardais. Tu me regardais me débrouiller avec la voiture, tu me regardais demander mon chemin avec un accent anglais déplorable qui te faisait beaucoup rire, tu écoutais les engueulades peut-être avec Josiane, sur nos divergences quant à la route à prendre. Tu n'intervenais pas. Simplement, si le ton montait un peu trop, tu me reprenais : « Oh, papa… T'exagères ! »

Et puis, quand je te demandais d'aller repérer le distributeur de billets, ou d'aller demander à quelle heure pouvait être le prochain bateau pour telle île, tu y allais, la plupart du temps tu revenais avec le renseignement, tu aimais bien ça.

J'étais content que tout môme déjà tu sois en contact avec ces petites choses qui construisent. J'étais content de ça.

L'attentat de Beyrouth
14 juin

Aujourd'hui, il y a eu un attentat, il y eu au moins neuf morts et je ne sais plus combien de blessés. Ça s'est passé à la plage où je me trouvais l'avant-veille, le Sporting.

Mais je n'ai plus peur. Je n'ai plus peur de la mort.

Je n'ai pas envie de mourir. Pas du tout envie de mourir.

Mais j'ai plus peur de mourir.

Éphémère
Juin

Je suis dans les montagnes au-dessus de Tripoli, dans le pays des cèdres, il fait très beau.

Aujourd'hui j'ai pensé à « Éphémère », à tes amours, à Flore, à tes espoirs, à la caresse du soleil, à la douceur des cèdres.

Au Liban.

Les uns et les autres
Juin

Ta sœur est en Corrèze avec Benjamin son amoureux, pour quelques jours. Elle se sent vraiment orpheline de toi, seule malgré tout un groupe d'amis.

On est tous dispersés, ta sœur en Corrèze, Josiane à Paris, ta mère partie à un mariage à Carcassonne, moi au Liban.

On est tous dispersés.

Je pense qu'il faudrait rester groupés.

On l'est.

On est tous dispersés mais on est groupés malgré tout, même si on est loin.

Les uns des autres.

Une sieste au Liban
Juin

Les rideaux sont tirés, c'est l'après-midi, il fait chaud, je suis dans ma grande chambre, je fais une sieste.

Ça me rappelle ma jeunesse, mon enfance, ces calmes après-midi d'été où on allait se coucher sans pouvoir dormir tant il faisait chaud dehors. Les volets ou les rideaux étaient tirés, on sentait qu'il faisait chaud, le soleil brillait à l'extérieur et le calme régnait à l'intérieur. Quelque chose de serein, d'apaisant, en même temps de troublant s'installait.

C'était le temps de ma jeunesse et de mon enfance, mais ma jeunesse et mon enfance m'importent peu.

Ce sont les tiennes qui m'importent.

Le poignard
Juin

C'est comme un poignard enfoncé pas loin du cœur.

Dans une certaine position, une certaine immobilité, la douleur est faible, supportable. Il suffit de remuer un tout petit peu, un mouvement de tête, un tressaillement du corps, la douleur se réveille avec une brutalité inouïe et on ne retrouve pas la position idéale pour qu'elle se calme.

Et ça ne se calme pas.

La Fête de la musique
21 juin

Ce soir c'est la Fête de la musique. Je suis toujours au Liban, dans ma chambre. Je sais que pour la Fête de la musique, tu serais resté dehors une bonne partie de la nuit.

Je me rappelle qu'une fois on était allés pour le 21 juin place Saint-Sulpice, au café de la Mairie. On avait passé là un moment avec Émilie, Josiane, on avait rencontré deux-trois personnes, on avait bu des bières, il faisait chaud, on avait dansé, tu avais dansé un peu, moi pas beaucoup, je vous avais regardés plutôt.

C'était comme ça, un petit souvenir en passant.

J'ai envoyé un texto à toute la bande, Éric, Mathieu, Jonath', Simon bien sûr. Je ne sais pas avec qui tu aurais traîné cette année pour la Fête de la musique. Peut-être aussi avec tes potes du cours, Simon, Justin, Flore et compagnie. Avec Émilie. Tu aurais été là avec ton chapeau, t'aurais pas mal picolé.

De toute façon, moi, j'aurais été au Liban. Je t'aurais appelé, tu ne m'aurais peut-être pas répondu, je t'aurais envoyé un texto. Je pense que tu m'aurais répondu le lendemain.

Un autre texto.

Allez, je vais écouter un peu de musique.

Jour de repos
Juin

Je suis dans les montagnes au Liban. J'entends de la musique arabe au loin, je suis sur mon balcon, au milieu des montagnes, c'est magnifique, avec cette musique qui monte du fond de la vallée, vaguement langoureuse, un peu désespérée.

J'ai reçu un coup de téléphone de Charly, le maquilleur de Belmondo, qui a perdu il y a vingt ans sa fille de vingt ans. Il me disait qu'il pensait bien à moi.

Aujourd'hui c'est jour de repos, je n'ai que ça à faire, penser à toi, à tout ce que tu ne connaîtras jamais. Ces expéditions en bande de gens de cinéma dans les pays lointains où l'on découvre les autres, les acteurs, les actrices, la langue, la musique, les paysages. La vie, les problèmes. Politiques aussi.

Là, c'est jour de repos. Ce soir on va tous sortir.

On va boire quelques bières. Je sens que tu aurais aimé ça. Je sens que tu te serais beaucoup préparé à cet aspect-là des choses.

Avec ton chapeau.

Là, tu me manques beaucoup, là.

Il fait chaud. À midi, j'étais dans un restaurant où on domine toute la vallée à travers des massifs de roses. Je ne peux pas t'imaginer ailleurs que dans ces paysages méditerranéens, quand je suis ici.

Hier je suis entré dans une église, je sais que tu aimais bien les églises, dans une forêt de cèdres, entre Tripoli et la plaine de la Bekaa. Et il y avait une église, une petite chapelle plutôt. Je sais que tu aimais bien les petites chapelles, les petits lieux de culte catholiques, perchés ou nichés, au fond des rochers ou en haut des montagnes, derrière des parapets. Tu y faisais quoi ? Je ne sais pas, t'aimais bien. C'était quelque chose que tu ressentais. J'ai mis un cierge là-bas.

J'ai signé un petit livre d'or, simplement signé. Ou j'ai écrit quelque chose du genre : « Ça t'aurait bien plu. » Une banalité.

Ta grand-mère Nelly est à l'hôpital. Je pense beaucoup à elle et je pense beaucoup à toi qui l'aimais beaucoup. Elle a été retrouvée inanimée dans la cour de l'immeuble de Montparnasse, une attaque cérébrale probablement. Depuis deux jours, elle est inconsciente, en réanimation. J'ai le sentiment qu'elle va s'en sortir mais ça fait beaucoup dans la même année.

Je voulais te tenir au courant des dernières nouvelles.

Qui ne sont pas toujours terribles, tu vois.

« Il est grand, ce petit »
Juin

Toujours au Liban. Toujours dans la montagne. Aujourd'hui on a tourné une scène d'amour, de joie, de vie, de chansons, dans une nature magnifique, au milieu du son des canons, des canons des tanks qui bombardaient une ville au-dessus de Tripoli.

Hier Pierrette, ma partenaire dans le film, m'a demandé combien j'avais d'enfants, l'âge de ma fille et celui du « petit de quatre ans », parce que j'avais fait allusion à Victor.

Finalement la question est venue : « Et l'autre, le troisième ? »

Je déteste ce genre de question parce que j'ai immédiatement un crochet droit qui m'arrive directement au foie et la réponse est toujours hésitante, cafouilleuse, difficile. L'émotion m'a submergé, je l'ai maîtrisée comme j'ai pu, j'y suis arrivé Dieu merci.

Je lui ai dit que tu n'étais plus là depuis quelques mois. Elle m'a répondu qu'elle était désolée. Il y a eu un gros silence. Et puis on est passés à autre chose.

J'ai l'impression que ces tournages, je les vis à ta place maintenant. Je t'imagine en train de faire l'acteur à soixante ans et avant aussi, comment tu t'y serais pris, comment tu te serais comporté. Pas loin de moi, un peu différemment, pas trop loin. Ça se ressemblerait beaucoup.

Voilà, mon petit. Tu vois, je t'appelle « Mon petit » aujourd'hui parce que t'avais beau être grand, t'étais quand même mon petit.

Comme disait mon père en parlant de moi, quand j'étais gamin : « Il est grand, ce petit. »

Toi en moi
Juin

Il fait une chaleur étouffante à Beyrouth. Je viens de rentrer dans ma chambre, j'ai regardé la rediffusion d'une émission de variétés un peu vieillotte de l'année 1986. Tous les chanteurs se succédaient pour souhaiter une bonne année 1986.

C'était ton année, l'année où tu es né. J'ai regardé jusqu'au bout cette émission un peu ringarde. Puisque c'était ton année.

Je vais ralentir les cigarettes. Je me dis que finalement je ne voudrais pas mourir. Je voudrais être encore en bonne santé assez longtemps.

J'ai l'impression qu'il y a un peu de toi en moi.

Et je voudrais que ce « toi en moi » survive le plus longtemps possible.

Au moins ça.

On est le trentième jour de tournage. Cet après-midi, j'étais sur la terrasse de la chambre qui me sert de loge. La baie était magnifique, dans la banlieue de Beyrouth, il faisait très chaud, je me suis branché un iPod dans les oreilles, j'ai écouté du blues dur, le temps qu'ils préparent un plan. Mais comme ils chipotent, ça a duré.

La crainte par moments, c'est que je puisse un tout petit peu, ne serait-ce qu'un tout petit peu t'oublier, ou passer la main, ou penser à autre chose.

Tu me manques. Terriblement. De plus en plus.

Comme je te le disais, le temps s'allonge depuis le moment où je t'ai vu pour la dernière fois.

Tous les jours je relis au hasard quelques pages de ce bouquin, avant de m'endormir. Ça me fait du bien. Peut-être que je pourrai l'écrire jusqu'à la fin de ma vie.

J'ai toujours la photo où tu lis dans un aéroport avec ton chapeau et cette chemise à rayures. Je l'ai dans ma poche, je l'avais paumée sur le tournage, c'est le producteur qui l'a ramassée, qui me l'a redonnée. Il avait l'air vaguement gêné.

Le Liban c'est un peu de ton histoire, ton arrière-grand-mère y a habité longuement. Elle dirigeait avec son mari l'Institut français d'archéologie. Ta grand-tante Delphine Seyrig est née à Beyrouth. Je pense souvent à ça. Il y a un petit peu de toi, à Beyrouth. Je crois que ça t'aurait plu, cette ville.

Il fait chaud. Mon Dieu qu'il fait chaud. Demain on est le 1er juillet. Les vacances vont commencer. Émilie est à l'île de Ré avec David, son cousin, comme l'année dernière. On a regardé la finale de la Coupe du monde, tu te rappelles ? Adrienne est là aussi. Je vais rejoindre tout ce petit monde à la fin du film, aux alentours du 16 juillet.

Victor m'a préparé un petit cadeau pour la fête des pères, il n'a pas pu me le donner puisque je suis ici depuis un mois. Il tient absolument à me le remettre vite. Il m'a laissé un message me disant que je lui manquais beaucoup.

On se manque beaucoup. Quand on est éloigné de quelqu'un qu'on aime, de ses enfants, de sa compagne. On se manque beaucoup.

Mais on sait qu'on va se retrouver. Avec toi, ce n'est pas ça. J'essaie de te retrouver mais… Je vais essayer de te retrouver. En fait, je t'ai jamais perdu ? Enfin si, je t'ai perdu définitivement mais…

Mais je te perdrai jamais.

« *Amuse-toi mais reste vivant* »
4 juillet

Avant-dernière journée de tournage.

Hier Frédéric Beigbeder, qui fait partie de l'association, a trouvé un très beau slogan, tiré d'une chanson des Bee Gees : « Amuse-toi mais reste vivant. » Ça a beaucoup plu à ta sœur, à Josiane et à tous ceux à qui j'en ai parlé. Ce sera le slogan de l'association. « Amuse-toi mais reste vivant. »

Sinon il fait très chaud ici.

J'essaie de me rappeler à quelle date l'année dernière on était partis pour Naples, ton ultime voyage.

« Voir Naples et mourir » donc.

Je ne sais pas si c'était le 16 ou le 17 juillet. Ce n'est pas si important, mais quand même, j'essaie d'être… le chroniqueur ? comptable ? mémorialiste ? historien ? de ta courte destinée, donc de récolter tout ça, et de le semer je ne sais pas où, je ne sais pas pour qui.

De le récolter en tout cas.

D'engranger, d'accumuler les dates, les souvenirs, les fois où.

J'essaie.

Le Tour de France
7 juillet

Ce soir, il y a une fête de fin de film. Je regarde le prologue du Tour de France à la télé, ça se passe à Londres. Je m'étais toujours promis que je t'emmènerais voir une grande étape de montagne, dans la voiture de France 2, comme je l'avais fait souvent avec Gérard Holtz, j'avais même embarqué Josiane. Et puis, même si t'étais pas très branché vélo, ça me plaisait de te faire découvrir une grande étape de montagne du Tour de France, ça vaut vraiment le coup d'être vécu.

Aujourd'hui c'est repos. Simplement, je fais mes valises, j'ai acheté des souvenirs pour un peu tout le monde, des cadeaux pour ton petit frère surtout. C'est une façon de me faire pardonner ma grande absence, parce que ça va faire cinq semaines que je suis parti. Je lui ai acheté des fringues. Je sais que t'aimais bien les fringues. Je pense que lui aussi ça lui plaît bien, les fringues. T'as toujours aimé ça, depuis tout petit, c'était un scandale pour toi si tu faisais une tache sur ton bermuda ou sur ton tee-shirt et Dieu sait que tu étais tacheur comme type.

T'étais pas très branché vélo, mais je sais que ça t'aurait plu une grande étape de montagne.

La nuit du 12 au 13 juillet
Paris

Il est 3 h 15. On est la nuit du 12 au 13 juillet. Jeudi 12. Vendredi 13. On est le vendredi 13, comme il y a neuf mois. Neuf mois. Un enfantement. On pense tout de suite à ça.

Je suis en plein tournage de nuit, avenue de l'Opéra, sur le balcon de l'hôtel où on tourne, je me suis échappé cinq minutes du plateau pour venir te parler, comme tous les 13. J'attends 3 h 19. Il est 3 h 17. Encore deux minutes. Je ne me presse pas, j'ai tout mon temps.

3 h 18. J'ai décidé une bonne fois pour toutes que tu étais parti à 3 h 19, le 13 octobre. Alors que c'était peut-être 3 h 21 ou 3 h 17.

Le premier rapport marquait 3 h 19, je me suis arrêté à cette heure-là, même si on ne saura jamais si c'était la minute précise, la minute exacte.

En tout cas, c'était pas loin. Pour moi ce sera 3 h 19 toujours.

À 3 h 19.

Au « 12/4 ».

Le 13/10.

À vingt ans.

Je vais appeler ta mère et Émilie comme d'hab'. J'espère que tu t'emmerdes pas trop là-haut. Ou là-bas. Je crains que si. Neuf mois. Le temps qu'il t'a fallu pour venir au monde.

J'ai 3 h 20 à ma montre, je pense que j'avance un peu.

Non, c'est 19.

C'est bien ça.

Mon cadeau d'anniversaire
Ré, 20 juillet

J'écoute à fond le CD que tu avais eu tellement de mal à choisir pour mon anniversaire, tu cherchais tellement la perfection pour ce cadeau.

Je suis dans le jardin. Je le mets à fond. Il y a un très beau solo de guitare.

Tu avais dit à Flore, avec qui tu étais allé faire les magasins pour me trouver le cadeau idéal, que tu te demandais si c'est ça que j'aimerais, si ça me ferait plaisir, que c'était l'anniversaire de ton père, qu'il ne fallait pas que tu te plantes. Et que ce n'était pas simple de trouver la musique que j'aime.

Je l'écoute. C'est bien. C'est très moderne. Un mélange de blues, de guitare californienne, des sons originaux. Moitié rock moitié jazz, un peu hispanisant, tu ne t'es pas planté.

Je suis dans le jardin, il fait très beau, à l'île de Ré.

Je viens de voir l'arrivée d'une étape du Tour de France à la télé. Le soleil percute très violemment le gazon vert du jardin. Je me balade dessus. J'entends ta musique, enfin ma musique. Je me dirige vers le petit monument. J'ai mis une photo, il y a des fleurs toutes fraîches.

On est en train d'organiser un match de foot. Le tournoi Ferdinand. C'est du boulot, tout le monde s'y met. On a choisi le terrain où tu jouais, où j'ai joué avec toi, où on a tous joué. Il manque des buts, on est en train de les fabriquer. Il faut aussi tondre, tout le monde s'y met je te dis. Les Dardillac, et puis Camala, et Roland en premier, Roland qui est la tête de pont de tout ça. On a obtenu les autorisations.

Je crois qu'il va y avoir plein de gens, on va faire un tournoi de six. Dussollier m'a dit qu'il viendrait avec Giulia, sa fille, ta petite partenaire dans *Travaux*. Tournoi de six : des matchs de dix minutes, avec des poules de quatre tu vois.

À la fin une coupe sera remise. « Tournoi Ferdinand ». Olivier Suire va graver ça. Sur la coupe.

Je me suis renseigné sur la météo, il va faire beau. On attend beaucoup de monde, il y a un frigo avec des boissons. Et des galettes qui seront vendues pour l'association.

Quoi d'autre encore ? Il y a cinquante maillots avec le logo de l'association.

Moi, je vais essayer de jouer. Avec ma hanche, je ne vais pas tenir plus de trois minutes. Mais je vais faire quelque chose, peut-être dans les buts, ou alors arbitre, non j'oubliais, l'arbitre, ça court peut-être encore plus que les autres. Je jouerai deux minutes par-ci, trois minutes par-là. Dès que je sentirai ma hanche craquer, je sortirai.

C'est vrai qu'il était beau, le disque que tu m'as choisi. Tout ce que j'aime !

Tu y as mis le temps. Mais tu ne t'es pas planté.

Il y a un hamac. Josiane m'a offert un hamac, tu sais, entre les deux branches d'arbre.

Je vais finir d'écouter la musique.

Le film est fini
Ré, 29 juillet

J'ai fini ton film.

Il dure 1 heure 38 minutes et 12 secondes.

Il y a encore du travail. Des travaux de post-production consistant à égaliser le son, à étalonner l'image. Je pourrais rectifier, mais le film est fini.

On a travaillé toute la semaine d'arrache-pied avec ma monteuse Sophie Imbert, que j'ai raccompagnée au train et qui vient de m'envoyer un texto, en parlant de Josiane et de moi : « Vous êtes tous les deux dans mon cœur, Ferdinand aussi. » Elle met toujours la barre très haut. Son regard sur le film est toujours élevé. Elle est à mes côtés.

C'est un film que j'ai fait avec des milliers et des milliers d'images que j'avais de toi depuis tout petit jusqu'à quelques jours avant ta mort, des images à l'arrachée, des images de vacances, des images de famille, des interviews, des images à la sauvette comme ça. Des images qu'on m'a données aussi, qui avaient été faites sans moi, avec tes copains, avec tes amis, une autre vérité de toi, que je ne connaissais pas, mais où je te reconnaissais dans ta vie sans moi.

J'en ai terminé.

Le film est terminé.

Nous sommes le 29 juillet, je vais m'occuper un peu de Victor et puis de ta grand-mère aussi. Il y a les images où nous chantons toi, elle, et nous, les chansons de Piaf ou de Montand, l'année dernière à peu près à la même époque. Il est question des feuilles mortes qui se ramassent à la pelle, de *L'Hymne à l'amour*, et aussi de *La Chanson des vieux amants* de Brel. On avait écumé le répertoire autour d'une table, comme ça arrive parfois après un bon repas, en famille, l'été à l'île de Ré.

On n'a pas gagné la coupe, elle est revenue à l'équipe de campeurs : « l'UFC Providence ». Mais ils ont été super sympas. Ils ont voulu me la redonner pour la remettre en jeu l'année prochaine. Ta coupe, la coupe du tournoi Ferdinand 2007 est maintenant dans ta chambre.

Une fois que le bouquin sera publié, je continuerai le tome deux, le tome trois, et ainsi de suite jusqu'à ce que je ne sois plus là pour te parler. Peut-être que quelqu'un d'autre prendra le relais, Émilie par exemple. Peut-être que ces tomes deux ou trois ne seront jamais publiés mais ça ne fait rien, ce sera comme un journal intime. Destiné à être là.

Et puis j'ai un bon sujet, je tiens à mon sujet.

Le dîner « pipole »
Ré, juillet

Je me souviens qu'on était sortis tous les deux ensemble. J'avais été invité à l'inauguration d'un grand restaurant. Je t'avais embarqué avec moi, on avait bu un peu de vin blanc avant de partir. Il y avait beaucoup de show-biz.

On était assis à une table. Pas loin de nous, il y avait Roland Giraud qui était considéré comme le champion du monde du jeu « Mon cul ». Alors c'est quoi le jeu « Mon cul » ? On pose une question, si la personne dit « qui » ou « quoi », on répond : « Mon cul. » C'est un jeu idiot mais dont Roland Giraud était le champion du monde toutes catégories. On s'était dit que ce soir-là, c'était peut-être le bon moment pour le piéger. Tu avais été chargé de cette tâche, puisque tu étais un inconnu pour lui, et puis ton air innocent… Ça n'avait pas marché, tu avais pris une veste, tu étais revenu à notre table, tu avais dit : « Il est très fort, ce Roland Giraud. »

C'était marrant cette soirée. Ton père t'emmenait dans le monde. On était tous les deux, on était complices, on avait quand même pas mal picolé. C'était marrant. Tu étais marrant ce soir-là. J'avais compris comment tu pouvais être en société.

Charmant et drôle.

Le Petit-Bec sans toi
Juillet

Hier je suis allé à la plage du Petit-Bec.

Il y avait beaucoup de monde malgré le temps. J'ai trouvé que la plage était vide sans toi. Je suis allé exactement à l'endroit où de temps en temps je te surprenais avec ta bande de jeun's sortant du bain.

Un peu dans la lune, un peu ailleurs.

Soirée chez Roland
Juillet

Hier Roland m'a invité chez lui. Je sais que pour toi, c'était un peu une seconde famille ici, que je ne soupçonnais pas. Il m'a présenté sa mère, une très jolie femme. Camala, sa fiancée, m'a présenté également sa mère, c'est une très jolie femme aussi.

On fêtait le départ de Roland en Côte d'Ivoire. Il y avait à peu près une cinquantaine de personnes. Ces visages familiers de l'île de Ré…

Il a fait un discours très ému sur toi. J'aime bien les Africains. Il n'y a pas de non-dit, il n'y a pas de secret. On est dans le dit, dans l'affect. Avec des sanglots dans la voix, il a dit l'amour, l'affection qu'il avait pour toi.

Il m'a demandé de prendre la parole. J'ai été assez court.

J'ai simplement dit qu'il était un type très bien, et que je l'estimais.

Magic Bus
Août

En revenant d'une soirée à Ars-en-Ré, j'étais derrière le Magic Bus. Je l'ai suivi un moment. Il est arrivé aux Portes. Je me suis garé derrière lui, j'ai attendu, il y avait tous ces jeunes gens qui montaient. Ils ont pris leur temps, ils venaient de La Case à Vent ou de La Bazenne qui venaient de fermer, il était 2 heures du matin. Ils étaient un peu gais, un peu ivres, ils déconnaient avec le chauffeur. Au bout d'un bon moment, j'ai klaxonné. Le chauffeur m'a fait un grand signe comme quoi il allait démarrer. Je l'ai laissé partir, j'ai suivi un peu tous ces jeunes gens.

Et puis sur la route de chez moi, j'ai croisé un autre groupe de jeunes à vélo, de seize, dix-sept ans.

C'était ta vie à toi.

C'était quand t'étais encore jeune…

C'était ton passé.

C'était comme ça.

Le match
6 août

Je me souviens que c'est Roland le premier qui m'avait dit : « Si on faisait un tournoi de foot ? Un "tournoi Ferdinand", aux Portes, au mois de juillet. »

Je me souviens qu'il y avait seize équipes.

Je me souviens qu'on avait des réunions préparatoires. On essayait de voir à quoi tout ça allait ressembler, cette cérémonie. Ce tournoi.

Je me souviens que j'avais fait fabriquer cinquante tee-shirts avec marqué « Association Ferdinand ». Vingt-cinq bleus. Vingt-cinq blancs.

Je me souviens que j'ai décroché ta photo qui était au-dessus de la télé, qu'on a trouvé un chevalet, qu'on l'a mise de l'autre côté du terrain, de façon à ce que tout le monde la voie.

Chaque match durait dix minutes.

Je me souviens que Roland jouait comme un dieu, qu'il était habité par la grâce, que ce jour-là était le sien, et qu'Éric n'était pas loin derrière. C'était son jour à lui aussi. Même Jonathan s'y est mis, qui a fait le voyage de Paris aller et retour.

Je me souviens qu'on est arrivés en finale, qu'à la fin des premières dix minutes on gagnait 2 à 0. Je me souviens qu'en deuxième mi-temps ils ont égalisé.

Et il y a eu prolongation de sept minutes.

Je me souviens qu'on a pris un troisième but et que c'est l'UFC Providence qui a gagné.

On a fait une photo avec les finalistes, avec la coupe, ta coupe, du tournoi Ferdinand. La nuit tombait, la pluie aussi. C'est là qu'on a tout plié, ramassé en catastrophe, avant le déluge. On s'est tous réfugiés chez moi. On a ouvert les bouteilles, on a chanté, on a beaucoup parlé de toi.

Je me souviens que c'était la plus belle de mes troisièmes mi-temps.

Les internats
Ré, 8 août

Je repense à ta scolarité, à ton rapport avec les profs, ou avec les maîtres d'internat, avec le directeur des études, ton rapport avec l'autorité en général, avec les flics, les gendarmes, mais aussi le juge des enfants, qu'on était allés voir, une fois, au palais de justice de Paris.

Tu avais été pris près de la frontière suisse avec quelques grammes de shit. Les douaniers n'avaient pas hésité une seconde, ils t'étaient directement tombés dessus. Je sais que tu avais été retenu toute la nuit dans le commissariat d'une petite ville près de la frontière. Ta mère était venue te chercher. Le flic s'était montré bon enfant, plutôt goguenard, mais il avait pris la chose au sérieux. Il n'y avait pas de trafic mais il y avait consommation. Tu avais été pris avec suffisamment de shit sur toi pour créer une action judiciaire.

Je me souviens de cette façon que tu avais de faire face à l'autorité. De faire face aux profs, aux directeurs d'internat quand t'avais été pris à consommer du shit dans un pensionnat.

Je me souviens particulièrement de cette déléguée des élèves, qui disait à quel point tu étais important pour l'équilibre du lycée et pour l'humeur de la pension. J'ai compris combien tu étais populaire, que tu avais une vie ici aussi, très loin de nous, à trois cents kilomètres, près d'Angers, que tu avais des affinités, des inimitiés peut-être, tout un monde social, le monde de ta jeunesse, qui était là en train de se former loin de nous, tes parents.

Cette vie légèrement étrangère, j'étais un peu jaloux d'en être exclu.

Quelque chose m'échappait, qui était à toi, qui t'appartenait en propre, qui était mystérieux, parce que tu étais mystérieux, mais je devinais, je supposais cette vie, j'imaginais comment tu devais te comporter dans cette mini-société, pendant une saison dans un internat en province, belle demeure, avec ses codes, ses amitiés, ses amours peut-être.

Et je me rappelle cet autre internat à Tours, qu'on apercevait de l'autoroute quand on revenait de l'île de Ré.

À chaque fois, tu avais un regard ému pour cet endroit où somme toute tu avais été plutôt heureux.

Douleur
Août

Quand parfois la douleur redevient humaine, devient supportable, je souffre de moins souffrir.

Perdu dans le RER
Août

« Il est où Ferdinand ? » Tu t'es perdu plein de fois, Ferdinand, on t'a toujours retrouvé. Sauf la dernière.

Je me souviens qu'un dimanche, à Chevreuse, tu avais disparu.

Tu devais prendre le RER de 13 h 17 à Paris, je suis venu te chercher à la gare de Chevreuse à 13 h 50, tu n'y étais pas. J'ai attendu, j'ai téléphoné à ta mère qui m'a dit que tu étais parti avec Éric pour attraper le train de 13 h 17, mais que tu avais probablement pris celui d'après à moins que ce ne soit celui d'avant. Je suis retourné à la maison, pensant qu'on s'était peut-être croisés. Ou alors tu étais rentré à pied par une autre route, mais dans ce cas-là, pourquoi ne m'avais-tu pas téléphoné ?

Je me suis inquiété, légèrement, puis un peu plus.

Je suis retourné plusieurs fois aux arrivées de RER. Tu avais un portable, je me suis dit qu'il n'avait sans doute plus de batterie. Mais il y avait des cabines au café juste en face de la gare. Un tabac, tu le connaissais, tu avais un peu d'argent sur toi, tu pouvais téléphoner. Qu'est-ce qui avait bien pu se passer ?

J'ai eu Éric au téléphone. Il t'avait bien accompagné sur le quai, au train de 13 h 17. J'ai appelé le service de sécurité du RER. Aucun incident n'avait été signalé sur la ligne de Paris à Saint-Rémy-lès-Chevreuse.

J'ai appelé ta mère. Puis la gendarmerie. Quelques heures s'étaient écoulées.

Émilie a émis l'hypothèse que tu avais décidé de rejoindre la maison à pied, et que, puisqu'on ne s'était pas croisés, tu avais dû prendre une autre route.

Le temps passait. L'anxiété montait. L'anxiété, c'est un drôle d'animal qu'on a du mal, une fois qu'il s'est réveillé, à capturer.

J'ai appelé les gendarmes qui ont tout de suite demandé comment tu étais habillé. Des boules d'angoisse sautillaient dans mon larynx, ta mère que j'avais sur l'autre ligne était incapable de prononcer un mot, de dire quelle était la couleur du polo, la taille du jean, la marque de tes chaussures. L'angoisse. Toujours. Moi aussi j'avais la voix qui tremblotait un peu : « Vas-y, Coralie, quelle était la couleur de sa chemise, ou de son polo, ou de son je ne sais pas quoi ? »

Et puis je t'ai vu arriver au bout du jardin, avec ton cartable et ton sac sur le dos, rouge, en sueur, vociférant, pestant, pas du tout content, petit bonhomme râlant dans l'allée du jardin. Au lieu de téléphoner, tu avais décidé de rentrer à pied à la maison mais tu t'étais complètement fourvoyé en allant dans l'autre sens, et Dieu sait qu'on avait fait cet aller et retour de la maison à la gare à peu près six cents fois.

Mais toi, la tête ailleurs, jamais tu n'avais capté ou fixé la route ni le paysage, non, tu te laissais transbahuter.

T'avais quoi ? Peut-être douze ans. Tu prenais le RER tout seul...

Tu n'étais pas content, putain dis donc, en rentrant dans la maison. Moi j'étais très content. Très content de te voir réapparaître. Et ta mère donc, et tout le monde. Émilie avait raison, on s'était ratés plusieurs fois sans se voir dans ce dédale de ruelles de Saint-Rémy et de Chevreuse.

Et je garde cette image de toi, vociférant, rouge de fatigue et de colère.

Avec ton sac à dos.

Il était où Ferdinand, encore, ce jour-là ? Dans la lune ? Dans ses rêves ?

En tout cas, il était avec nous. Sur la Terre.

François de La Baume

Pour la troisième fois cette année, François de La Baume m'a demandé ce que devenait mon fils qui avait tellement sympathisé avec le sien en pension.

Pour la troisième fois, je lui ai répondu que… que tu étais mort.

Pour la troisième fois, il s'est excusé platement.

Je pense que décidément, il te voit davantage vivant que mort.

J'aimais bien quand…

J'aimais bien que tu appelles Josiane « ma *beautiful mother* » plutôt que « ma belle-mère ». J'aimais bien quand tu me serrais dans tes grands bras, ce que tu faisais souvent avec les gens que tu aimais.

J'aimais pas quand tu oubliais de redéposer la clef avec le petit ours qu'on mettait toujours en bas dans le casier de la concierge et qui te permettait de venir rue de Bellechasse quand tu voulais, si bien que souvent on était coincés.

J'aimais bien et j'aimais pas ne pas savoir comment tu avais vécu notre séparation avec Coralie, parce que t'avais jamais vraiment vécu avec ton père et ta mère. Tu avais traversé les orages récurrents qu'il y avait entre nous, avec distance... Je me souviens qu'à une époque, tu étais tout petit, quand le ton montait un peu trop, tu disais avec une petite voix charmante, en te mettant les mains sur les oreilles : « Taisez-vous ! J'ai mal aux oreilles ! »

J'aimais bien quand tu te renseignais sur mon passé. « Et celle-là, est-ce que avec elle tu as... ? » Ce genre de choses. Ça t'intriguait. Peut-être ça t'épatait un peu.

J'aimais bien que tu protèges ta mère.

J'aimais bien quand on jouait à l'Ogre et au Fugitif.

J'aimais bien quand tu disais que plus tard, ça te ferait des souvenirs, et que telle ou telle scène tu t'en souviendrais quand tu aurais quarante ans.

J'aimais pas quand tu étais trop tête en l'air et que tu t'égarais sur les toits, et qu'on devait te rattraper en haut des falaises, au bord des précipices, et que tu disais : « Oui, il y a un précipice et alors ? »

J'aimais bien et j'aimais pas quand tu parlais de ta relation avec un des fiancés de ta mère que tu n'aimais pas particulièrement et dont tu te plaignais. J'aimais bien que tu t'entendes bien avec Yvan.

J'aimais bien l'idée que tu ailles en vacances aux États-Unis, à Long Island et après à New York, et que tu te plaises là-bas.

Quand tu avais quinze ans, j'aimais pas quand je te retrouvais à l'abribus, à l'île de Ré, avec tes copains, et que très probablement tu étais en train de fumer un pétard que tu écrasais, dans une espèce de sauve-qui-peut, en me voyant débouler. C'était ta période pétard, qui n'a pas duré très longtemps.

J'aimais bien quand je t'ai annoncé, tu avais seize ans, que j'allais être à nouveau papa, on était sur le canapé de la rue de Bellechasse, et tu étais scié, mais en même temps je sentais poindre en toi une dose de contentement et d'impatience à l'idée de voir à quoi il allait ressembler. Et puis j'imagine que ça te faisait te poser des questions sur ta propre histoire.

T'aimais pas quand je t'avais rapporté ton bouquin, à la pension d'Issy-les-Moulineaux, je te l'avais remis en main propre devant tous tes camarades. Paraît-il que ça ne se faisait pas. Émilie l'a confirmé. À l'âge respectable de quatorze-quinze ans, on ne vient pas troubler les groupes d'ados en se désignant comme parent.

J'aimais pas tellement qu'au hockey sur glace, à l'âge de sept ans, tu aies sans véritablement t'en rendre compte, mais avec une froide détermination, traversé tout le terrain et marqué un but contre ton camp. Finalement, j'aimais bien.

J'adorais quand tu imitais les gens, talent qu'on pouvait difficilement soupçonner, tu avais l'air parfois tellement ailleurs, mais qui prouve que tu observais, que tu engrangeais. Tu nous faisais pleurer de rire, tu imitais tout le monde, avec une incroyable drôlerie mais aussi, comme tout ce que tu faisais, avec énormément de grâce.

La vie vandalisée

La vie est vandalisée.
Tout est dégueulassé.

Nuit du 12 au 13 août

Nuit du 12 au 13 août.

Dix mois. Encore deux comme ça et on sera le 13 octobre. Si je compte bien.

Donc là je veille, comme tu sais.

J'ai regardé le film que j'ai fait sur toi. Je crois qu'il est très bien, mais j'ai des doutes, j'aurais voulu qu'il soit plus ceci, plus cela, plus rapide, plus complet, plus… encore plus…

Il est bientôt 3 heures. Je vais aller au petit oratoire au fond du jardin.

La vie et ses droits

Je déteste l'expression « La vie ne vaut rien mais rien ne vaut la vie ».

Ce mauvais mot d'un auteur mal inspiré.

Je déteste « La vie reprend ses droits ».

La vie n'a plus aucun droit.

13 août

3 h 17.

Je suis devant le petit oratoire au fond du jardin. Évidemment, c'est l'heure où les jets d'eau automatiques qui arrosent la pelouse fonctionnent. J'ai dû faire du gymkhana pour contourner, éviter, passer au bon moment entre les jets, pour arriver là devant toi à peu près sec.

Et attendre 3 h 19.

Comme d'hab', texto à Émilie et à ta mère.

Je sais que toute ma vie, à 3 h 19, tous les 13 de chaque mois, je serai debout en train de te parler.

Il est 3 h 19.

Il y a dix mois.

Il y a dix mois, tu as été rayé de ma famille, rayé des humains.

Rayé.

J'ai vu Adrienne aujourd'hui. Et Sophie. À la cabane, le petit bar de la plage, tu sais, où je t'ai accompagné l'année dernière. C'était encore un jour assez silencieux. Je t'ai accompagné quand même. Peut-être que je te gênais. Peut-être que tu avais un rendez-vous. J'aimais bien ce mutisme. Parfois il pouvait m'exaspérer ou me blesser un peu mais avec toi c'était comme une conversation silencieuse.

Il y a des jets qui fusent de partout.

La nuit est étoilée. C'est la nuit des étoiles. Tu te rappelles quand on était allés voir les étoiles, il y a quelques années, il y avait beaucoup d'étoiles filantes, je ne sais plus quand c'était. On avait regardé ça sur la terrasse, je crois que Philippe Le Dem était là. Peut-être même qu'on était allés à la plage de la Chiouse pour voir ça d'encore plus près.

Il y a longtemps, parce que la nuit des étoiles, après, tu la passais avec tes copains.

Je me rappelle le jour de la fameuse éclipse. J'ai une photo où on nous voit tous, avec nos lunettes spéciales, pour mieux apercevoir l'éclipse et pour en être protégés. C'est dans les marais que ça se passe. Ta petite tête regarde vers le ciel.

Et moi je regarde vers le ciel, là. J'essaie de t'apercevoir, il y a une espèce de drôle de forme dessinée par quelques nuages. C'est une silhouette. Je suis en train de me raconter que c'est peut-être toi. Il y a une tête et deux bras qui sont levés. C'est gigantesque. Les étoiles entourent la forme.

C'est peut-être toi qui m'ouvres les bras.

Voilà ce que je me dis.

À 3 h 22 maintenant.

Dix mois.

L'oratoire

Tu veux que je te raconte, que je te décrive un peu le petit oratoire ? Tu es dans le ciel et tu nous observes, tu sais à quoi il ressemble. Mais quand même.

Il y a un vase, un grand vase, où on met des fleurs en permanence. On les change quand elles commencent à être fatiguées. Il y a une sculpture d'un petit enfant, un petit ange peut-être, la tête appuyée sur son poing. Il y a un très petit olivier en pot, et un oiseau en fonte, et un bougeoir qui est éteint, mais l'autre petite bougie pas loin qui est allumée. Il y a un cadre avec ta photo et puis dans l'arbre, juste au-dessus, un petit objet qui représente d'un côté le soleil, de l'autre la lune. Ça tournicote selon le vent et puis un ruban est accroché là. Je ne sais pas à quoi correspond ce ruban, qui l'a accroché. C'est quelqu'un qui l'a déposé là.

Et puis évidemment, un « F » formé avec un ensemble de petits galets ramassés sur la plage.

Un « F » assez grand qu'on a disposé au centre de cet assemblage.

Voilà à quoi ça ressemble…

La nuit des étoiles

Cette nuit du 13 août, c'est la nuit des étoiles. Il y a plein d'étoiles toujours à la même place. Rien n'a bougé.

Si. À un moment, j'ai vu une étoile filante, longue, belle, superbe.

Comme toi.

Je veux pas

Je veux pas avoir de plaisir. Je veux pas jubiler. Je veux pas être excité par un projet de film. Je veux pas être emballé par une pièce que je viens de lire. Je veux pas prendre du plaisir.

Je veux pas être enthousiaste.

Je veux pas rêver à des pays lointains.

Je veux pas être beau. Je veux pas faire de sport, je veux pas penser à mon corps. Je veux pas briller dans les interviews. Je veux pas être amusant en société. Je veux pas plaire. Je veux pas regarder les jolies femmes.

Pas trop.

Je veux pas retaper la maison.

Je veux pas changer d'appartement. Je veux pas m'acheter des fringues. Je veux pas écrire de scénarios.

Je veux pas rire.

Je veux pas m'intéresser. Je veux pas me passionner. Je veux pas m'intéresser à la politique, aux films, aux détails, au prix du pain, à la grève des pompiers, à la grandeur du soleil qui se couche, au bien-être que vous procurent les vagues quand elles vous roulent.

Je veux pas prononcer le mot bien-être.

Je veux pas être bien.

Je veux à peine être.

Je veux dormir.

Je dors bien maintenant. Je dors mieux qu'avant. J'aime bien le sommeil. T'es tout près… Parfois le monde est beau. Parfois c'est agréable. Trop agréable.

Finalement j'aime pas le sommeil.

Île de Ré, 18 août

L'été se déroule tranquillement. Depuis quelques jours, il ne fait pas très beau. Mais on va toujours à la plage, à la Conche. Je me baigne deux fois par jour, à midi et le soir. Comme d'habitude. Je n'ai pas changé mes habitudes. Après la plage, on déjeune assez tard, puis je me mets dans le hamac tu sais. Léger assoupissement. Et puis je lis, je travaille. Je travaille sur le bouquin, avec plus ou moins de concentration. Le soir, retour à la plage. Il y a très peu de monde, on rencontre quelques amis. Et on dîne assez tard.

Rien n'a vraiment tellement changé.

L'été se déroule tranquillement, j'ai pris mon temps cet été. Je veux prendre mon temps. Ton absence fait maintenant partie de l'été.

C'est un été où tu es absent. Personne n'a couché dans ta chambre. Les amis peuvent y passer, regarder, voir. S'abstraire un moment. On y a monté le film avec Sophie Imbert, on avait organisé une petite salle de montage dans ta chambre. On s'y sentait plutôt bien pour travailler.

Aujourd'hui, on est allé déjeuner à La Cabane. Il y avait Adrienne, Sophie, Jeanne qui nous ont servi quelques crêpes. La vie continue.

J'ai du mal à corriger ce bouquin, j'ai du mal à l'écrire, j'ai du mal à vivre tout simplement.

Pourtant j'avais décidé de m'installer dans la vie, de me vautrer dans elle.

Il faut dire que j'ai un peu plus de mal. J'ai un peu plus de mal à faire du sport, plus de mal à nager, plus de mal à faire du vélo. Il faut que je me fasse violence. Alors est-ce que je vieillis ? Le moindre effort m'est un peu plus compliqué. Est-ce que je vieillis ? Est-ce que je couve une grave maladie ? Est-ce que c'est le début d'une dépression ? Ou au contraire une espèce de laisser-aller général où je me dis : « Plus d'efforts. À quoi bon ? »

Je me vautre dans la vie, j'attends le soleil, les heures passent, les minutes s'égrènent, il fait beau, je suis dans la mer, je me laisse flotter, je rentre, on me sert à manger, je m'écroule devant un film à la télé, je lis un petit peu avant de m'endormir.

Je vais tous les jours te voir au petit monument au fond du jardin, celui qu'on appelle « l'Oratoire ». Ta sœur, qui revient d'Inde, lui a trouvé un nouveau nom : « le Temple ».

Avant de m'endormir, je vais toujours y jeter un petit coup d'œil, te dire bonsoir.

Tu as chanté *Le Sud* de Nino Ferrer avec ta sœur. Tu as chanté *Le Sud* dans le Sud. Et aussi dans le Nord. Tu as chanté *Le Sud* un peu partout.

Vous chantiez *Le Sud* petits. Quand on avait fait le tour du monde. À Nouméa, à Tahiti, en Amérique. C'était devenu votre chanson fétiche. Vous la chantiez en chœur. Tout le temps, partout.

Tu l'as chantée aux quatre-vingt-dix ans de ta grand-mère, tu l'as chantée à mes soixante ans. Avec Émilie. Accompagnés d'un orchestre magnifique.

Le Sud.

Maintenant c'est nous qui la chantons à l'île de Ré, devant le petit monument au fond du jardin.

On l'a chantée aussi le jour de ton enterrement, au cimetière, tout le monde a repris *Le Sud* devant ton cercueil, et aussi le soir, au raout. On a chanté le Sud. C'était votre chanson fétiche.

C'était le Sud.

Le Sud, c'est une chanson d'espoir, c'est une vision du monde, c'est la beauté de la vie.

Et puis la vie s'arrêtait, le Sud était menacé, la guerre arrivait. C'était dommage parce qu'on aurait pu y vivre plusieurs millions d'années.

Eh bien non, ça s'est arrêté là.

C'était votre chanson fétiche.

Île de Ré, 20 août

2 heures du matin. J'attends ta sœur comme je t'attendais toi l'année dernière. Cette fois je ne pourrai plus dire : « Je vous attends », mais « Je t'attends ».

Il y en a un qui manque à l'appel.

Frère et sœur

J'aimais ce binôme, cette paire, ce duo indissociable. Elle c'était toi en fille, toi c'était elle en garçon, disiez-vous.

Émilie et Ferdinand ou Ferdinand et Émilie ou Mimi et Ferdi.

Les liens fraternels jusqu'au paroxysme.

Je regardais ça, vous deux, là, vous fraterner avec passion.

Sans titre

J'ai l'impression que rien n'a changé. Ou si peu.

En même temps, rien n'est pareil.

Tout a changé.

Sans titre

Je me souviens qu'une fois malgré tout j'étais allé te voir jouer au foot porte d'Orléans. Vous étiez menés 2 à 1. Et à quelques minutes de la fin, il y a eu un coup franc.

Je me souviens que c'est toi qui as tiré le coup franc. Que le mur était impressionnant, que la balle était placée assez loin du but, décalée vers la droite.

Je me souviens que je m'étais installé derrière le but, sachant à l'avance que marquer était quasiment impossible sous cet angle.

Je me souviens que je t'ai vu frapper la balle qui, avec un effet impeccable, est passée au-dessus du mur et du gardien et est allée se nicher dans la lucarne de droite après une magnifique trajectoire.

Ce but a permis à ton équipe d'égaliser, et d'aller jusqu'en prolongations où vous avez gagné.

Je me souviens que tu as été porté en triomphe.

Je me souviens que j'étais content pour toi, de savoir que tu étais plutôt fier que ton père ait assisté à ça.

Le bain à Ré

Il est à peu près 20 heures. Je suis sur la Conche. Je me baigne, je fais la planche, je regarde le ciel. Je me souviens qu'à peu près à la même époque l'année dernière, on s'était baignés tous les deux, c'était probablement ton dernier bain. Ce serait bien que tu sois avec moi, que tu reviennes avec moi te baigner.

Tu avais provisoirement abandonné la plage du Petit-Bec.

On était tous les deux seuls sur cette plage désertée. Il ne faisait pas vraiment chaud, ni froid non plus. Ton grand corps se déployait. Tu prenais du plaisir, t'aimais bien te baigner, on se baignait bien tous les deux, après on remontait vers les serviettes. On échangeait deux-trois trucs sans grande importance. Il y avait des grands silences mais on était ensemble. Violemment ensemble.

Je me souviens, quand tu étais petit, tu disais : « Dieu existe puisque le mot Dieu existe. »

La fin de l'été
30 août

Émilie est partie cet après-midi, je l'ai accompagnée au train. J'avais l'impression d'accompagner une partie de toi au train, en cette fin d'été.

Victor est là, avec sa mère, à l'hôtel.

Ce soir c'est le clair de lune. Il fait jour, pratiquement à minuit.

C'est la fin de l'été.

L'été, que j'attendais et que je craignais tellement, touche à sa fin.

Qu'est-ce que ça a changé ?

Rien.

Que ta mort ne me serve pas
Août

Ce que je voudrais surtout, c'est que ta mort ne serve à rien. Que ta mort ne me rende pas plus fort parce qu'elle ne m'a pas tué, que ta mort ne me serve pas à intensifier les blessures, les cicatrices qui me donneraient encore plus de poids dans les rôles que je vais interpréter. Que ta mort ne me serve pas à avoir une ligne directrice avec mes autres enfants, et que mon éducation, mon attention vers eux en soit différente et plus profitable.

Non.

Que ta mort ne me serve pas à avoir une vision plus sereine, plus calme, plus profonde de l'humanité, et ne m'aide pas à avoir des rapports plus généreux avec les autres.

Que ta mort ne me serve pas à me sanctifier, à me grandir.

Que ta mort ne me serve pas, que je ne me serve surtout pas de ta mort, que ta mort ne serve à rien, ne soit utile à rien.

L'association

... Pourtant, l'association Ferdinand lutte contre l'insécurité routière chez les jeunes, en tentant de « ringardiser » surtout par l'image la conduite en état alcoolisé.

De ce point vue-là ta mort sera peut-être utile.

Aux autres, qui comptaient beaucoup pour toi. À nos enfants, nos frères, nos sœurs, nos amis, pour qu'ils arrêtent de mourir sur nos routes au moment où ils font la fête.

C'est insupportable.

Tout recommencer ?
Dimanche 2 septembre

Tout le monde est parti. Après-demain, c'est la rentrée des classes.

On a traversé l'été comme on a pu.

Maintenant, c'est un trou béant qui s'ouvre devant moi. Toute cette année s'est passée dans l'attente de ce qu'allaient être Noël, les anniversaires, la Saint-Ferdinand, l'été, l'île de Ré, le tournoi, tes copains, tes amis, la plage, ta maison, ta chambre, l'association.

Maintenant l'été est passé.

J'ai le sentiment qu'il y aura encore un rendez-vous important, c'est ton anniversaire, et puis celui de ta mort. Après on va répéter tout le temps les mêmes choses, sans toi. Ça me fait peur.

Il y a eu la traversée des premières fois : le premier Noël, le premier été. Il y a dans les premières fois une forme d'exaltation douloureuse. C'est la première fois. Après ça va être quoi ? La deuxième ? La troisième ? La quatrième ? Je ne veux pas penser à ça. L'année est finie, il va falloir tout recommencer.

Recommencer quoi ?

L'île de Ré est déserte, il y a encore quelques Rochelais sur la plage mais demain tout ça sera fini.

Sophie

J'ai croisé Sophie ce matin au marché des Portes, la « petite Sophie » de l'île de Ré qui ne veut pas revenir chez moi, dans ma maison, qui ne veut pas voir ta chambre, qui ne veut pas voir le tournoi de foot, qui ne veut pas voir le film, qui ne veut plus rien voir.

Elle entre en pension.

La course transatlantique

Il faut que j'envoie aux parents de ton ami Simon une déclaration d'intention de l'association. Ils font une course transatlantique sponsorisée. Ils récoltent des fonds pour des associations humanitaires.

Ils veulent que l'association Ferdinand embarque avec eux.

Fleurs fraîches

Tous les deux jours je change les fleurs sur ton petit monument au fond du jardin.

Et aussi dans ta chambre.

Septembre

Voilà, je vais m'arracher, je vais partir.

Pour rejoindre quoi ? Qui ?

J'aimais bien cette idée de l'île de Ré cet été. C'est là où on s'est peut-être le mieux connus. Où je t'ai vu grandir, t'accomplir, rire. Cette maison, cette belle maison est arrivée quand tu avais dix ans.

J'en ai fait le tour. J'ai fait le tour de ça, j'ai fait le tour de ta chambre, j'ai fait le tour du monument, j'ai fait le tour du Petit-Bec.

Voilà, tout ça c'est fini. C'est la fin de l'été.

Faut que je m'en aille.

Les choses en l'état

Hier, le jardinier est venu me proposer un programme pour réaménager le jardin. Brusquement je me suis rendu compte que je ne voulais pas qu'on bouge. Je voulais que les choses restent en l'état, telles qu'elles étaient, telles que tu les avais connues. J'ai fait marche arrière.

On a repeint les façades et même ça, ça m'a légèrement troublé.

Ta chambre est restée inchangée.

Moi j'y vais tous les jours. Je regarde par la fenêtre. Je vois ce que tu voyais. Sauf que le paysage aussi a bougé, ça me désole. Deux maisons se sont construites.

De belles maisons, mais ce n'est pas le paysage qui t'était familier.

Chez madame Georges

Tout le monde est parti. Je suis tout seul. Il n'y a plus que toi et moi.

Il fait très beau, je vais aller me baigner, peut-être faire du vélo.

Je vais repasser devant chez madame Georges, à Saint-Clément. Chaque fois que je passe devant chez madame Georges, je pense aux sept étés qu'on a passés dans cette maison. Jusqu'à tes dix ans. Je pense au « Lion Dents de Sang ». Je pense à « L'Homme aux Chaussures Poilues ».

J'ai trouvé hier une lettre déposée dans la boîte. Elle est signée d'une certaine Marianne, qui habite route du Petit-Marchais.

Est-elle en vacances ? Je ne sais pas. Elle me dit que je peux être fier de toi, qu'elle t'avait croisé comme ça sur un film, que tu l'avais impressionnée, qu'elle t'avait découvert. Elle t'avait raccompagné un soir, vous aviez beaucoup parlé dans la voiture.

Elle t'avait trouvé, dit-elle, « normal pour un jeune ».

Mamy Gisèle

J'ai remarqué que Mamy Gisèle, qui est bien diminuée cette année, et à qui on n'a jamais osé parler de ta disparition, demande dix fois par jour des nouvelles d'Émilie bien sûr, et puis aussi de Victor mais presque plus jamais de toi. En tout cas beaucoup moins souvent.

— Comment vont les enfants ?

— Bien, maman.

— Et Émilie ?

— Bien, très bien.

— T'es sûr ?

— Oui.

— Et le petit Victor, il est où, là ?

— Avec sa maman, à la campagne.

— Il va bien ?

— Oui.

J'attends un peu. On passe à autre chose.

C'est comme ça presque tous les jours.

Le tee-shirt de Julie

Je me rappelle que tu avais gardé le tee-shirt de Julie, que tu dormais avec à l'île de Ré. Qu'elle avait écrit sur un bout de papier que j'avais trouvé qu'il fallait que tu dormes avec pour te souvenir de son odeur.

Tu devais avoir treize ans à peine.

L'anniversaire d'Émilie
Paris, 7 septembre

Aujourd'hui c'est l'anniversaire d'Émilie. Je suis rentré hier. Je lui ai souhaité une bonne journée. Elle m'a répondu « Merci » par texto. On va aller à l'Hôtel du Nord, je crois, à quelques-uns.

C'est la rentrée.

La rentrée de quoi ?

Tous les mois passés, je me disais que je m'éloignais de la date de ta mort, et là je me dis que je m'en rapproche.

C'est la rentrée.

Planning

Je regarde le tableau des compétitions de la Coupe du monde de rugby qui démarre aujourd'hui. T'étais pas un fou de rugby, on peut même dire que ça te laissait indifférent.

Toi c'était le foot. Je me souviens que les tableaux des rencontres des compétitions de foot – Coupe du monde, Coupe d'Europe, Coupe des nations –, je les découpais dans le journal et je les affichais sur le réfrigérateur.

Je me souviens que dès que tu arrivais, tu allais devant le réfrigérateur et tu découvrais le planning des compétitions. Tu ingurgitais les dates, les horaires, les équipes. Tu t'en léchais à l'avance les babines. Tu essayais de repérer le petit qui allait manger le gros, ou les deux gros qui allaient s'annuler.

En remuant terriblement des mains.

De plaisir.

« *Ténèbres...* »

Je crains que le dernier livre que tu as lu ne soit *Ténèbres, prenez-moi la main* de Dennis Lehane...

Ta vie en pension

J'imagine ta vie en pension.

Je me souviens de ta chambre. Je me souviens des préaux, des patios. De ces grandes bâtisses vaguement anglaises...

Le mercredi, vous aviez une permission, et tu allais à Tours, en ville, boire une bière avec tes copains.

Je me souviens qu'après avoir été viré de Tours, tu es allé à Combrée, près d'Angers.

Il était strictement interdit de fumer du shit sous peine de renvoi immédiat. Je me souviens que tu avais fumé du shit, tu avais été pris et tu allais être renvoyé immédiatement. Avec ta mère, on était intervenus devant le conseil de classe, on avait défendu ta cause.

Je me souviens que tu m'as dit : « Si je pouvais retourner en arrière, je le ferais plus. »

Je me souviens que t'étais comme un enfant. Perdu.

Tu avais ardemment préparé ta défense. Un petit papier à la main, tu as pris la parole devant tous tes profs réunis et tu as été récupéré in extremis.

Je me souviens que dans la foulée, tu es allé tourner le film avec Carole Bouquet. J'en avais parlé avec le directeur de la pension qui, contre toute attente, m'avait dit : « Mais bien sûr, il faut qu'il saisisse cette chance. »

Je me souviens qu'en revenant du tournage de ce film, la première chose que tu as faite, c'est de fumer un pétard. Bien sûr tu as été pris immédiatement, puisque tu étais sous haute surveillance. Et là il n'y avait plus de recours.

Je me souviens que c'était la fin de tes études.

Et qu'après, tu as pris des cours par correspondance, aidé par un prof, et que je n'étais pas du tout d'accord. Je me rappelle être allé chez ce prof qui habitait quelque part dans le seizième arrondissement. Madame Petit. Et je t'avais découvert concentré, élève modèle.

Encore avec cette magnifique bouille d'enfant habité.

« Qu'auriez-vous fait à ma place ? »

… Tu étais rentré dans le bureau du prof de maths pour reprendre ton walkman qui t'avait été confisqué quinze jours plus tôt. En ouvrant les tiroirs du bureau, tu avais récupéré ton walkman, mais aussi les questions du contrôle de maths qui avait lieu le lendemain. C'était une trop belle aubaine, tu n'avais pas pu résister.

Plutôt que de les garder pour toi, tu as voulu en faire profiter tout le monde, par générosité sûrement, comme d'habitude, peut-être aussi pour améliorer encore ta popularité.

Bien sûr tu as été découvert, et dans la lettre d'excuses que je t'ai conseillé d'envoyer au directeur de l'établissement, il y avait cette phrase dont je me souviens.

« Quand j'ai vu les corrigés de maths, je n'ai pas pu résister. Mes parents auraient tellement été fiers de moi ! Qu'auriez-vous fait à ma place ? »

Nuit du 12 au 13 septembre
Paris

Il est 2 h 25, j'attends 3 h 19.

Je me souviens qu'à la même époque l'année dernière, j'étais au Touquet avec Mathieu Amalric, Marie-Josée Croze, Emmanuelle Seigner, on prenait du bon temps. Je me souviens aussi que j'étais déjà tourmenté à cette époque par l'idée de fêter au mieux ton anniversaire, je faisais des recherches sur Internet, je me documentais, j'avais acheté un *Nouvel Observateur* où étaient indiqués les cent meilleurs lieux de Paris pour faire des fêtes. J'avais mis la brochure précieusement de côté, coché les endroits qui me paraissaient les meilleurs dans le rapport qualité-prix. Je me rends compte que cette année, je suis en proie à la même quête, puisque le 5 octobre, le jour de ton anniversaire, on va se réunir.

On va fêter ton anniversaire tous les ans. Sans toi. Tu seras pas là. Mais on va le fêter quand même.

Bon, je te rappelle à 3 h 18.

Le Christ de Saclay
Septembre

Je me souviens qu'à un certain moment, quand tu venais les week-ends à Chevreuse, on avait mis au point avec ta mère un système où on parcourait tous les deux la moitié du chemin.

On avait rendez-vous au Christ de Saclay, sur un parking sur la droite. L'un attendait toujours l'autre, cinq ou dix minutes, on ne pouvait pas prévoir l'heure exacte à laquelle on y serait, selon les embouteillages, ou les aléas du dernier moment.

Tu avais pris l'habitude de jouer au foot sur ce parking. Quand on était en avance, toi et moi, on échangeait quelques passes le temps que ta mère arrive. Ou alors c'était le contraire, ta mère venait te déposer, je venais te chercher, j'étais un peu en retard, et je te voyais gesticuler avec ton ballon de foot au loin.

Tu étais encore petit. Et puis le moment est venu où tu étais suffisamment grand pour prendre le RER tout seul. Donc cette période de foot sur le parking du Christ de Saclay était révolue.

Et ces dimanches soir où je t'accompagnais au RER de Saint-Rémy-lès-Chevreuse pour Paris, le plus tard possible pour pouvoir profiter au maximum de toi, pas trop tard non plus, je me souviens que je restais sur le quai jusqu'au départ du train.

Quand il partait, tu ouvrais une fenêtre, tu te penchais, et tu me faisais un signe jusqu'à ce que toi et le train vous disparaissiez dans la nuit. Je pouvais distinguer ta petite main qui s'effaçait peu à peu. Je me souviens qu'à chaque fois j'avais la gorge serrée. Ta petite bouille, ta petite main. La petite gare. Le train au loin.

Je me souviens que le souvenir de ta petite main s'effaçant dans la nuit me poursuivait longtemps après que j'avais pris ma voiture, que j'étais rentré chez moi.

Je me disais : « Est-ce qu'il est bien arrivé, avec sa petite main ? Est-ce que sa mère est bien venue le chercher à l'arrivée ? »

Je me souviens que je t'appelais, que tu me disais ou que ta mère me répondait que oui, t'étais bien arrivé.

C'étaient des instants, comme ça, dont on a besoin. Qui étaient les tiens, qui étaient les miens, qui étaient les nôtres.

Ces bons instants…

Retour du stade

Toujours la nuit, à Chevreuse, je me souviens qu'on rentrait d'un match de l'équipe de France triomphante, en 1998, tu avais douze ans, tu étais peinturluré en bleu-blanc-rouge, et sur une petite route de campagne dans le noir, vers minuit, en revenant du stade, on avait croisé un type avec un maillot de l'équipe de France, un jeune – il était beaucoup plus vieux que toi, peut-être seize ans – qui jouait au ballon au milieu de la route.

Tu avais baissé la vitre et tu avais crié un « WAOOOO ! » victorieux.

Je me souviens qu'il avait répliqué par un « WAOOOO ! » tonitruant.

Ce brillant dialogue s'était arrêté là.

Et on avait beaucoup ri de cette communion animale et fraternelle.

12 au 13 septembre
La passerelle Solférino

Il est 3 h 15.

Je suis sur la passerelle Solférino, enfin ce qu'on appelle la passerelle Solférino. En réalité, elle s'appelle passerelle Léopold-Sédar-Senghor.

C'est là où pour la dernière fois tu as arpenté le plancher des vaches. Tu as vidé cette bouteille de whisky là. Je me demande toujours si tu étais sur le côté droit de la passerelle ou sur le côté gauche. J'ai une tendance à penser que c'était plutôt du côté gauche, vers le Grand-Palais, ou la Grande Roue, mais pas vers Notre-Dame. C'est comme ça. Donc là je suis du côté gauche, vers le Grand-Palais.

C'est là où tu as marché pour la dernière fois, puisque, après, tu es monté dans la voiture et tu n'en es plus jamais redescendu. Enfin si. Mais tu n'as plus jamais marché après.

On t'a porté.

La nuit est plutôt douce, je suis tout seul. J'envisage que le mois prochain, à cette même heure, on sera tous ensemble là, réunis, à arpenter le plancher. 3 h 18.

J'imagine ce qu'ont pu être tes derniers moments, sur cette passerelle. Il est question d'accolades, je sais que tu étais joyeux puisque t'as appelé, les gens ont dit que t'avais l'air joyeux au téléphone.

J'aperçois des Écossais qui courent, en petite jupette. Ah oui, parce que ce soir, j'ai oublié de te dire, c'était France-Écosse de football. Plutôt beau match de l'équipe de France. Même si on a perdu 1 à 0. T'as raté ça aussi, enfin t'as pas raté grand-chose.

Voilà, il est 19. Je vais me coucher.

Je marche vers la rue de Solférino. Là où était garée la voiture, je crois.

C'est la dernière fois que ta grande silhouette dégingandée, avec cette démarche un peu arc-boutée, légèrement issue de la mienne j'ai l'impression...

C'est là que t'as marché pour la dernière fois.

14 septembre

Tu ne devineras jamais : je suis dans le train qui me mène à l'île d'Yeu. C'est-à-dire qu'il va jusqu'à Nantes, après on prend le car jusqu'à Fromentine, et pour finir le bateau pour l'île d'Yeu.

Le train s'est arrêté deux minutes à Angers.

J'ai un peu divagué sur Angers. C'était la dernière année de tes études. J'imaginais le car qui venait te chercher à la sortie de ce TGV, le même que le mien. J'imaginais où il était garé, ce car qui venait vous récolter.

Les petits Parisiens, qui rentraient à Combrée, dans leur pension.

Qu'est-ce que vous vous racontiez dans le car ? Qu'est-ce que vous fumiez ? Comment vous déconniez ? Comment vous négociiez le stress ? Toutes ces longues soirées d'hiver dans le dernier TGV pour Angers... Dans la nuit brumeuse, le car te ramenait toi avec tous tes petits copains, dans la profonde campagne française, et ses grandes écoles bien décorées.

Donc je vais à l'île d'Yeu.

Il fait un temps magnifique, mon chéri.

J'ai un peu le trac. L'île d'Yeu, c'est vraiment ta petite enfance. Port-Joinville, La Meule, la plage des Vieilles, la rue des Mariés…

Je sais que tu y es retourné plus tard, tu y faisais des petites incursions mais ce n'était plus tout à fait ça. T'aimais bien quand même parce que c'était ton enfance.

Je vais humer et sentir tout ça, me repaître des images, des couleurs, du temps qui passe.

Du temps qui tue.

« *Ce que tu donnes est à toi* »

« Ce que tu gardes est perdu pour toujours, ce que tu donnes est à toi à jamais. »

Tu aimais bien cette phrase.

Hier je suis allé dîner chez Nicole Garcia pour voir France-Irlande en rugby. C'est la Coupe du monde. Il y avait Yvan, il y avait ta mère. Qui a croisé Victor pour la première fois. J'ai vu que ça lui plaisait bien.

« Ce que tu gardes est perdu pour toujours, ce que tu donnes est à toi à jamais. »

C'était ta phrase.

Extrait d'une conversation que tu as eue, à l'île de Ré, à vélo avec Émilie :

« T'en fais pas ma sœur, t'inquiète, on est nés sous une bonne étoile.

» On est nés sous une bonne étoile, t'inquiète ma sœur.

» On est nés sous une bonne étoile. »

Il y a un an à peu près…
Paris, 24 septembre

Il y a un an à peu près, tu as commencé à jouer dans la pièce d'Arny Berry, *Soleil noir*.

Il y a un an à peu près, je suis venu te voir non pas à la première mais à la seconde, parce que je tournais en province le film de Schnabel, *Le Scaphandre et le Papillon*.

Il y a un an à peu près, je suis venu te voir avec Véronique au théâtre du Proscenium dans le onzième arrondissement. Il faisait extrêmement chaud. Il n'y avait pas de système de climatisation dans le théâtre, ils avaient branché quelques ventilateurs qui faisaient un vacarme épouvantable, on avait demandé de les éteindre, et ils les avaient débranchés avant la représentation.

Il y a un an à peu près, dans un spectacle plein d'énergie et de jeunesse, tu es apparu au troisième acte. J'ai été scotché sur mon fauteuil de voir ta présence, ta drôlerie, ton humanité, ta poésie.

Il y a un an à peu près, j'ai compris que tu étais le roi sur le plateau.

Je t'ai dit à quel point je t'avais trouvé bien, peut-être pas suffisamment. C'était un samedi soir, les taxis étaient rares. Il m'est apparu depuis que ce qui m'importait le plus c'était de pouvoir en trouver un pour rentrer vite chez moi. J'ai effacé la possibilité d'aller boire un verre avec toi après le spectacle. Il est vrai que tu avais une fête et peut-être que ça t'arrangeait.

Il y a un an à peu près, il est vrai que j'aurais aimé, si j'avais pas été si con, boire une bière avec toi à la terrasse d'un café, au plus fort de l'été indien.

« *Ça se fait pas* »

Je me souviens que tu détestais le film *Le Colonel Chabert*, qu'on t'avait emmené voir beaucoup trop petit.

C'était comme une fixation. Dès qu'on prononçait une phrase ou un mot qui pouvait ressembler à « colonel » ou à « Chabert », je ne parle même pas des deux réunis, tu étais scandalisé.

Je me souviens à ce propos que jamais je ne t'ai entendu dire du mal de quelqu'un. Tu étais plutôt dans l'empathie, la gentillesse, l'admiration. Si tu avais des doutes, tu les gardais pour toi. Jamais je ne t'ai entendu dire de quelqu'un : « Il est nul », « C'est un con », ou « Quel enfoiré ! ».

Jamais.

Si vraiment quelqu'un t'avait grossièrement ou lâchement manqué, ou fait gravement défaut, le maximum de ce que tu pouvais dire, c'était, d'une voix encore étonnée, comme si une chose pareille ne pouvait pas exister : « Ah le bâtard… Ça se fait pas ! »

C'est ce « Ça se fait pas » que j'ai souvent et toujours retenu.

Le bâtard au cimetière

Je me souviens que l'histoire du « Ah le bâtard, ça se fait pas ! » je l'avais dite, je ne sais pas si c'est le terme, « éructée », à ton enterrement devant ton cercueil, au cimetière Montparnasse, je me souviens de mes lunettes noires, je me souviens de la boîte en bois devant moi dans laquelle parfois je donnais un coup de poing, je me souviens du regard d'une grande amie, perdue dans la foule, qui me vrillait.

Je me souviens que je souffrais. Atrocement. Je me souviens qu'à un moment la foule a ri quand j'ai parlé de ce « Ah le bâtard, ça se fait pas ».

Je me souviens que la foule a beaucoup pleuré. Que peu à peu j'entendais différents bruits que je ne parvenais pas encore à identifier jusqu'à ce que je me dise : « Ce sont des pleurs, des sanglots, des manifestations de chagrin très fortes, des gémissements. »

Je me souviens que j'ai senti que je n'étais pas tout seul.

Je me souviens que je me suis dit que j'aurais voulu être dans cette boîte, et toi devant elle en train de donner peut-être des coups de poing dessus, même si c'était pas ton genre.

Tout aurait été dans l'ordre.

Le film sur toi

On est le samedi 29 septembre, à une petite semaine de ton anniversaire. On a loué la salle de la Société des auteurs, rue Ballu, pour projeter ton film. Toute ta famille, tous tes proches vont venir nombreux, je le sais, j'ai même prévu une projection supplémentaire.

Attenant à la salle de cinéma, il y a un endroit charmant de réunion, de fête, ça s'appelle Le Café. On va se rassembler là.

Maintenant je vais au mixage. Ça va être la dernière touche. Importante puisqu'il s'agit du son. Il s'agit de la musique (exclusivement des musiques que tu aimais et écoutais régulièrement). Il s'agit de mélanger les ambiances de façon à ce que chacune prenne sa place.

J'ai le trac, j'espère que la façon dont ce film retracera ta vie éphémère sera la bonne, ou en tout cas… En tout cas, c'est la mienne.

J'ai fait ce que j'ai pu, j'ai fait au mieux. J'ai choisi au mieux, mélangé au mieux, trié au mieux, monté au mieux.

Je pourrais tout reprendre ou mettre d'autres images qui sont restées sur la touche, et faire un autre montage, un autre film peut-être différent dans la forme, mais je pense que le fond serait à peu près le même.

L'habit américain

Je suis tombé sur une photo de toi en Sierra Leone. T'étais tout petit, t'avais une chemise et un bermuda avec des dessins de poisson, je me disais que t'étais sapé comme un Américain, un petit Américain.

Je me souviens qu'en Sierra Leone, un jour, tu voulais en découdre avec un groupe de petits Africains. Je ne trouvais pas ça très glorieux, mais assez courageux, dans ce milieu très décalé par rapport à ce que tu connaissais. Il y avait une tribu de petits Blacks que, par jeu, tu chargeais bâton en avant.

Je me souviens aussi qu'une autre fois, toujours vêtu « à l'américaine », peut-être un accoutrement un peu étrange ici en Sierra Leone, tu t'étais fait chambrer par tous les gamins du village qu'on visitait. Ils se moquaient délibérément de ton habit, et au bout d'un moment te frôlaient, puis te bousculaient un petit peu. Moi je ne disais rien, toujours dans cette volonté de non-intervention, toi tu résistais en ne réagissant pas. Je trouvais une fois de plus que tu avais beaucoup de détermination.

À un moment, alors que rien ne pouvait le laisser prévoir, tu as éclaté en sanglots. L'affaire s'est arrêtée là, je suis intervenu.

J'ai trouvé que ta résistance à « l'agression » était impressionnante et exemplaire.

Le mixeur

On a terminé le mixage cette nuit.

Il se trouve que le mixeur, par le plus pur des hasards, était à la fête où ont été tournées les dernières images que j'ai de toi, près du jardin du Luxembourg.

Et on a vu le mixeur mixé sur les images, à tes côtés.

Un signe… ?

La qualité de la projection
3 octobre

Je suis allé vérifier cet après-midi à la salle de la Maison des Auteurs, rue Ballu, la qualité technique de la projection.

Je suis très heureux.

C'est superbe. J'étais ému de te voir sur un grand écran. Dans une salle de cinéma. Dans le noir.

Ça prend des proportions.

4 octobre

Demain c'est le 5 octobre.

Ce serait ton anniversaire.

On va aller avec ta mère au cimetière et puis après Émilie va venir.

On va aller sur ta tombe.

Après on va projeter le film.

Il y aura deux séances, une à 18 h 30, l'autre à 20 h 30, et puis dans la salle de réception à côté de la projection on va boire et manger, peut-être écouter de la musique, peut-être chanter.

Ça va être huit jours compliqués entre la date de ton anniversaire et la date de l'anniversaire de ta mort.

Huit jours.

4 octobre

Comme c'était bon de voir cette salle pleine assister pendant une heure et demie à des instants de ta vie, depuis tout petit jusqu'à la fin, éclater de rire, et aussi pleurer bien sûr, et être sous le charme. Mon Dieu, quel charme… Il y a eu deux séances. Ta grand-mère Nelly a voulu assister aux deux.

C'était une grande soirée, Ferdinand. Ta courte vie a été restituée le mieux que j'ai pu. Je crois que ça a touché le cœur des gens. C'était ça l'essentiel.

Aujourd'hui, c'est lendemain de fête. Un peu la gueule de bois. Pas simplement à cause du vin blanc, mais aussi parce qu'il y avait hier une centaine de personnes qui communiaient avec Ferdinand.

Cette heure et demie de ta vie qu'ils ont partagée avec toi…

Aujourd'hui, c'est plus compliqué parce qu'on y reprend goût, à ta vie. Quand on voit ta vie, on y reprend goût.

On en reprendrait bien encore une petite lichette. Pour la route.

Aujourd'hui, c'était quart de finale de la Coupe du monde de rugby. La France a battu de justesse les All Blacks, un véritable exploit national. Je gesticulais devant mon poste. Ta mère était dans un café avec toute une bande, elle m'a appelé plusieurs fois pour me tenir au courant et qu'on partage nos émotions.

Pas simplement à cause du match, t'imagines bien.

Un an

Voilà, on est le 12 octobre. C'était la dernière fois que tu as vu le jour, aujourd'hui.

Il y a un an.

Je me suis un peu promené dans Paris, j'ai trouvé que Paris avait des couleurs un peu particulières ce soir.

On s'est réunis à quelques-uns, avec Émilie, il y avait Simon, Jonathan, Léna, Josiane, Nelly et Véronique.

On a mangé un peu, on est allé sur la passerelle Solférino, vers minuit, là où tu as passé tes derniers instants sur terre.

Après tu as roulé. Jusqu'à ta destination finale.

Il y a un an déjà.

Un an où on a vécu tous les jours avec toi.

Après ton anniversaire la semaine dernière et la projection du film, cette fois c'est l'anniversaire de ta mort.

Et l'automne.

Aujourd'hui, on est le 12.

Vendredi 12.

13 octobre, 2 heures

Huit sur la passerelle Solférino.

Recueillement.

Avant de poser une rose au 12/4.

Porte d'Auteuil.

À 3 h 19.

Pile.

Un an.

Je t'aime.

13 octobre, dans l'après-midi

13 octobre. On était nombreux au cimetière, on n'a pas dit grand-chose, on était très concentrés, émus. Moi j'ai un peu déconné sur la

fin, je crois que ça t'aurait bien plu. Plutôt que de faire un discours.

On s'est tous réunis chez ta mère.

Chez toi.

L'ambiance et la tarte étaient très bonnes.

Il faisait beau.

Sans titre

Je sais que je vais continuer ce bouquin toute ma vie et que tous les jours qu'il me reste à vivre je t'écrirai.

13 octobre, le soir

Ça va faire une année que tu nous as quittés, Ferdi.

Et au cours de ces trois cent soixante-cinq jours, de ces douze mois, de ces centaines et ces centaines d'heures, il n'y a pas un instant où je n'aie pensé à toi.

À ta douce jeunesse, à ta tendre enfance, à ton adolescence tapageuse et heureuse, à ton romantisme de jeune adulte en proie aux difficultés parfois…

Je me souviens de ta frimousse à Noël, de ta dégaine à Pâques, de ta joie et de ton bonheur de partager les multiples réjouissances dans lesquelles on s'est plongés.

Je me souviens de ta grâce...

De ta drôlerie...

Je me souviens du soleil avec toi, de la neige, du froid, du chaud. De ta démarche...

Je me souviens de tout, tout le temps, à chaque moment.

Un an, suite

Un an.

Toute cette année que tu n'as pas vécue. Et toutes ces années à venir que tu ne vivras pas. Je n'ai pas envie de dire que tu n'as rien manqué, tu as manqué tout.

Comment dire ? Toutes ces additions d'années qui ne seront pas pour toi. Qui seront pour beaucoup. Pour moi. Je ne sais pas jusqu'à quand. Pour plein d'autres. Même des abrutis, même des lâches, même des salauds.

Mais pas pour toi.

On arrive à un an. Tu as été privé de cette année. Tu as été privé de je ne sais combien d'années. On va commencer par la première. Elle s'achève.

Tu as déjà été privé de celle-là.

On est le 23 octobre. Il y a un an, on t'a enterré.

On a été te chercher à la morgue le matin, et puis on t'a emmené à l'église Saint-Roch. Après on t'a accompagné au cimetière où j'ai pris la parole, où je t'ai parlé. On a chanté.

Le soir, Michel Fagadau avait prêté la Comédie des Champs-Élysées. Il y avait au moins quatre cents personnes. On a chanté, on a ri, on t'a rendu un bel hommage je crois, tu as « vécu quelques années de plus ».

Après on est allés manger au bar du Théâtre, en face, avec Benjamin. Ta mère était à la table voisine, avec Suzanne, Rébecca.

C'était il y a un an.

Maintenant, j'ai terminé ce bouquin.

J'évoquerai un souvenir qui viendra comme ça en passant, « la fois où… ».

J'évoquerai, tant que je le peux, ta gentillesse, ta générosité, ton humour, ta poésie, ton cœur, ton amour de la vie, ton amour des autres, ta sensibilité, ta fragilité, cette façon si particulière que tu avais d'illuminer la vie.

Comme dit Adrienne : « Avec lui on ne s'ennuyait jamais. Il était le contraire de l'ennui. »

Jamais on ne s'ennuyait. Quand tu arrivais dans un dîner, dans une soirée, dans un espace quelconque, quelque chose se passait de vif, d'agréable, de doux, d'aimable.

De captivant.

On sentait que la vie valait la peine d'être vécue quand tu étais là.

Au cours de tous ces voyages, ces randonnées, ces tournées, je lis et relis les pages qui te sont consacrées. Elles m'accompagnent. Un moment, le soir vient. Entre l'abandon du scénario et le réglage du réveil tôt le lendemain pour aller sur les plateaux, je lis et relis les pages que j'ai écrites sur toi avant-hier, il y a trois mois, il y a six mois.

Je les trouve parfois incertaines, parfois chaotiques, parfois brillantes. Je crois qu'elles te ressemblent. Je crois qu'elles nous ressemblent.

En tout cas, elles nous rassemblent.

13 octobre

Le 13 octobre, j'ai fait envoyer à la rubrique « Souvenir » de *Libé* ce qui suit :

À notre amour de Ferdinand.

du fils disparu chaque jour est l'anniversaire.

Ce n'est plus la rubrique nécrologique, c'est la rubrique « Souvenir » maintenant.

« Nécrologique » ça a été fait.

Il y a eu ta bouille aux Césars et aux Molières à la rubrique « Ils nous ont quittés cette année ».

Sara Giraudeau t'a dédié publiquement son Molière de la révélation théâtrale et elle a envoyé un baiser vers le ciel.

À la fin du film de Schnabel, dans cette grande salle du palais des Festivals, à Cannes : « En souvenir de Ferdinand Chesnais, 20 ans » a été projeté sur l'écran.

C'était la rubrique « Il nous a quittés cette année ».

Ferdinand…

Ferdinand, tu as illuminé notre vie. Ta mère et moi, nous t'avons élevé avec amour. C'était si facile de t'aimer de tout notre cœur, et je sais que toi aussi tu étais bien, que ta courte vie a été belle.

J'espère avoir été un père digne de toi.

Et je sais au plus profond de moi que tant que nous ne serons pas morts, moi, ta mère Coralie, ta sœur Émilie, ta belle-mère Josiane et toutes les innombrables personnes qui t'aimaient, tu vivras, Ferdinand.

ASSOCIATION FERDINAND

www.myspace.com/associationferdinand

9193

Composition
PCA

Achevé d'imprimer en Espagne
par LITOGRAFIA ROSES
le 10 février 2010.

Dépôt légal février 2010. EAN 9782290016985

ÉDITIONS J'AI LU
87, quai Panhard-et-Levassor, 75013 Paris

Diffusion France et étranger : Flammarion